Maurício Liesen

Comunicação e direitos humanos: elementos para um jornalismo responsável

EDITORA
intersaberes

O selo DIALÓGICA da Editora InterSaberes faz referência às publicações que privilegiam uma linguagem na qual o autor dialoga com o leitor por meio de recursos textuais e visuais, o que torna o conteúdo muito mais dinâmico. São livros que criam um ambiente de interação com o leitor – seu universo cultural, social e de elaboração de conhecimentos –, possibilitando um real processo de interlocução para que a comunicação se efetive.

**EDITORA
intersaberes**

Rua Clara Vendramin, 58 . Mossunguê
CEP 81200-170 . Curitiba . PR . Brasil
Fone: (41) 2106-4170
www.intersaberes.com
editora@editoraintersaberes.com.br

Conselho editorial
Dr. Ivo José Both (presidente)
Dr.ª Elena Godoy
Dr. Neri dos Santos
Dr. Ulf Gregor Baranow

Editora-chefe
Lindsay Azambuja

Gerente editorial
Ariadne Nunes Wenger

Preparação de originais
Rodapé Revisões

Edição de texto
Arte e Texto Edição e Revisão de Textos
Guilherme Conde Moura Pereira

Capa e projeto gráfico
Charles L. da Silva

Diagramação
Fabio V. da Silva

Equipe de *design*
Charles L. da Silva

Iconografia
Sandra Lopis da Silveira
Regina Claudia Cruz Prestes

Dados Internacionais de Catalogação na Publicação (CIP)
(Câmara Brasileira do Livro, SP, Brasil)

Liesen, Maurício
  Comunicação e direitos humanos: elementos para um jornalismo responsável/ Maurício Liesen. 1. ed. Curitiba: InterSaberes, 2020. (Série Excelência em Jornalismo)

  Bibliografia.
  ISBN 978-65-5517-664-3

  1. Comunicação social 2. Comunicação de massa 3. Direitos humanos 4. Jornalismo 5. Repórteres e reportagens I. Título II. Série.

20-37037   CDD-070.4

Índices para catálogo sistemático:
1. Comunicação: Jornalismo   070.4

Maria Alice Ferreira – Bibliotecária – CRB-8/7964

1ª edição, 2020.

Foi feito o depósito legal.

Informamos que é de inteira responsabilidade do autor a emissão de conceitos.

Nenhuma parte desta publicação poderá ser reproduzida por qualquer meio ou forma sem a prévia autorização da Editora InterSaberes.

A violação dos direitos autorais é crime estabelecido na Lei n. 9.610/1998 e punido pelo art. 184 do Código Penal.

Sumário

6	*Agradecimentos*
9	*Prefácio*
13	*Apresentação*
19	*Como aproveitar ao máximo este livro*
24	*Introdução*

Capítulo 01
33 Formação e fundamentos dos direitos humanos

36	O que são direitos humanos?
41	Sobre os escombros da guerra: a fundação da ONU
50	Uma breve história dos direitos humanos e da DUDH

Capítulo 02
71 Jornalismo e os direitos humanos à comunicação

76	Panorama histórico dos direitos humanos ligados ao jornalismo
93	Desafios constitucionais dos direitos à comunicação no Brasil
102	Comunicação como direito humano: tensões e perspectivas jornalísticas

Capítulo 03
116   Sobre a (in)comunicação dos direitos humanos: por um jornalismo responsável

123   A naturalização da violação dos direitos fundamentais
127   Crimes como regra: sobre os programas policialescos
132   Contra a violência midiática
144   Por um jornalismo responsável (humanizado)

Capítulo 04
155   Direitos humanos, jornalismo e meio ambiente

157   Jornalismo e catástrofe: por um jornalismo ambiental
162   A emergência dos direitos ambientais
169   Sustentabilidade e discurso jornalístico
173   Os desafios do jornalismo ambiental

182   *Considerações finais*
188   *Lista de siglas*
190   *Referências*
205   *Anexos*
226   *Respostas*
232   *Sobre o autor*

Para meu pai, Maurício Pimentel.
(in memoriam)

Agradecimentos

Escrever um livro nunca é uma experiência solitária. Além dos diálogos teóricos e literários com autores que normalmente estão referenciados ao final da obra, há uma trama de relações extratextuais sem as quais nenhuma escrita seria possível. No meu caso, sem o porto de afeto e compreensão criado pela minha esposa, sequer eu teria começado a escrever. E, sem suas provocações intelectuais e seu apoio exigente, sequer eu teria terminado de fazê-lo. A ela, minha afetuosa gratidão.

Agradeço também ao professor Guilherme de Carvalho, pelo convite desafiador para escrever este livro, e aos pareceristas da Editora InterSaberes, cujas observações contribuíram de forma decisiva para o desenvolvimento desta obra. Do mesmo modo, sou grato ao Programa de Pós-Graduação em Comunicação da Universidade Federal do Paraná (PPGCOM-UFPR) e, em particular, ao Grupo de Pesquisa em Comunicação e Participação Política (Compa), por acolher meu trabalho e propiciar um ambiente intelectual riquíssimo em debates e reflexões. Obrigado à Coordenação de Aperfeiçoamento de Pessoal de Nível Superior (Capes) pelo financiamento do meu estágio pós-doutoral nessa instituição.

Gostaria ainda de expressar uma profunda gratidão à minha mãe, por ter me aproximado, desde muito cedo, da problemática dos direitos humanos – não apenas por palavras, mas também por meio dos seus gestos de abertura e acolhimento às diferenças, por meio do seu exemplo de engajamento em pastorais sociais e na educação pública de crianças e adultos. Este livro foi escrito sob a memória de quando ela levava seus filhos às manifestações do Grito dos Excluídos pelas ruas do Recife.

Por fim, agradeço ao meu filho por me dar motivos para continuar acreditando que a formação é sempre para e pelo mundo, para e pelos outros que estão aí, para além da soleira do nosso lar.

Sejam humanos. Assim os direitos do homem recairão naturalmente sobre vocês.
Novalis

Prefácio

Costuma-se dizer que a democracia é sempre um projeto inacabado. A razão da sua fundamental incompletude é a progressiva inclusão dos cidadãos nos direitos, o que faz com que a ideia de povo ganhe cada vez mais substância e não fique reduzida a uma mera formalidade. Nesse sentido, este livro é um registro importantíssimo nessa discussão sempre oportuna. A história da democracia é a história das lutas por direitos humanos e pela sua constante progressão.

Na história, até os chamados *direitos naturais* precisaram ser afirmados. Gradativamente, novos direitos foram surgindo a partir das necessidades humanas que se criavam com o desenvolvimento econômico, social e cultural, e afirmá-los e garanti-los sempre foi em decorrência de luta política, não sem resistência, sofrimento e sacrifícios. Isso está plenamente demonstrado neste livro.

Mauricio Liesen organiza de forma clara e ao mesmo tempo aprofundada os argumentos em favor de uma abordagem comunicativa dos direitos humanos. O argumento é de que, para lutar por direitos, é preciso significá-los, um trabalho essencialmente de comunicação. *Significar* implica, primeiramente, nomear, dar existência, para que sobre o existente se possa aludir. Ao receber um nome, as coisas passam a compor o mundo no qual os seres humanos vivem, interagem e agem.

Os direitos humanos são, assim, continuamente significados. Cada direito, para ser conquistado, precisa ser reconhecido como válido. Essa validação é, dessa forma, um processo de comunicação. Se a conquista dos direitos é sempre resultado de lutas sociais, o processo de comunicação evidencia e dá materialidade a uma disputa de significados. Tomemos o caso da luta pelos direitos das mulheres empreendida por movimentos feministas: primeiro tornou-se pública a demanda pelo direito ao voto, com as sufragistas no século XIX, seguida, no século seguinte, por reivindicações sobre melhores condições de trabalho, direito à contracepção, direito a identidades de gênero, direito à equiparação salarial com os homens. Note-se que estamos falando de diferentes esferas de direitos – políticos, econômicos, sociais, sexuais e de identidade. Apenas um regime aberto e inacabado pode ampliar a percepção sobre direitos, o que a filósofa Hannah Arendt (2013) chamou de "direito a ter direitos" e que comumente chamamos de *cidadania*. Ela permite que também o feminismo seja questionado no século XXI por mulheres que não se reconhecem nas representações dominantes do movimento, como as mulheres negras e as mulheres pobres, as quais têm outras questões que podem ser incorporadas nessas lutas.

Essas e outras injustiças existiam antes de serem comunicadas, mas só passaram a ser objeto de discussão e a ser combatidas à proporção em que foram sendo ditas como injustas.

Nesse sentido, a comunicação também se constitui um direito, na medida em que as condições para a participação no debate garantam a paridade de argumentos para uma deliberação pública que possa realmente representar todos, ou a maior parte, dos pontos de vista e das experiências. Novamente, para isso o processo de comunicação aberta e pública precisa ser estabelecido. Esse é o esforço contínuo do ato de dizer como ato político.

A institucionalização dos direitos em acordos oficiais é resultado desse debate, dessas lutas e também das ciências humanas, o que o autor apresenta no primeiro capítulo do livro. Ao tratar, no capítulo seguinte, de temas controversos e difíceis, como liberdade de expressão, liberdade de imprensa e direito à comunicação, Maurício Liesen mostra a sua inevitável e necessária imbricação com o processo de democratização dos meios de comunicação. Em seguida enfatiza a ambivalência do jornalismo, como instituição social que pode, ao mesmo tempo, desempenhar a função de pilar democrático para a expansão dos direitos humanos e atuar como violadora desses mesmos direitos. Daí a necessidade de se desenvolver uma crítica de mídia, uma literacia entre os agentes do jornalismo e também na população, para que o serviço prestado pelo jornalismo seja aquele que também o preserve na sua função primordial de alimentar o debate público com informações de qualidade. Por fim, a proposta do autor em tratar o jornalismo ambiental como veículo dos direitos ambientais na direção de um jornalismo humanizado articula magistralmente toda a discussão presente no livro: a abordagem ambiental carrega consigo a capacidade de vincular os aspectos físico, cultural, econômico, político e moral às lutas por direitos, ampliando a noção de humanidade.

Este livro também mostra a importância de um texto elaborado por um professor preocupado com seus interlocutores, como aquele mediador fundamental que abre a janela da percepção, comprometido que é com a transformação do mundo num lugar menos desigual, mais justo e, portanto, mais feliz.

Dra. Kelly Prudencio

Professora do Departamento de Comunicação e do Programa de Pós- -Graduação em Comunicação da Universidade Federal do Paraná Coordenadora do Compa, Grupo de Pesquisa Comunicação e Participação Política.

Apresentação

Em janeiro de 2019 foi divulgado o *Relatório Anual* da Human Rights Watch, uma organização não governamental (ONG) de defesa dos direitos humanos, com dados alarmantes sobre o Brasil[1]. Foram registrados aproximadamente 64 mil homicídios em 2017, e a violência contra mulheres atingiu níveis epidêmicos. A impunidade em razão da falta de investigações é obscena. No campo, centenas de pessoas têm sido expostas a agrotóxicos sem controle e os conflitos agrários seguem sem freios. Em 2018, vários ataques de xenofobia foram registrados contra venezuelanos que deixavam seu país para fugir da crise política, econômica e social. No mesmo ano, tivemos eleições vencidas por candidatos que vociferaram declarações de ódio a minorias e ativistas, com uso de frases racistas, homofóbicas e misóginas. O pleito também foi marcado por ameaças e agressões a jornalistas. O Brasil é um dos países mais violentos para a prática do jornalismo na América Latina. De acordo com dados da organização Repórteres Sem Fronteiras[2], só em 2018 foram assassinados 67 jornalistas no país. O quadro também é ruim para os defensores do meio ambiente e dos direitos humanos. De acordo com a ONG

---

[1] Confira mais informações em HRW (2019a, 2019b).
[2] Para mais informações, confira RSF (2018).

britânica Global Witness[3], o Brasil foi, em 2017, o país mais perigoso do mundo para ambientalistas, com 46 assassinatos.

Diante de tantos problemas, não é por acaso que os direitos humanos sejam um tema recorrente no discurso midiático. No entanto, a cobertura das questões sociais, políticas e econômicas não é uma tarefa fácil. Não são raros os momentos em que o entendimento sobre os direitos humanos é abafado por notícias falsas e acusações falaciosas. O desprezo ao discurso humanitário contamina até aqueles que deveriam, por profissão, defender os direitos necessários ao exercício de uma comunicação livre e democrática. Por mais paradoxal que isso possa soar, não são poucos os programas e setores da mídia que violam cotidianamente a própria condição de existência: os direitos fundamentais. E, na boca de muitos, a expressão *direitos humanos* ainda soa como um palavrão.

É com base nisso que justificamos a necessidade de escrever este livro, cuja proposta é contrapor o antirracionalismo (a negação do debate pelo melhor argumento) e o obscurantismo (a negação de fatos consensuais ou cientificamente comprovados) que estão cada vez mais presentes e que atacam ou desconsideram os direitos humanos em seus aspectos históricos, teóricos e práticos. O objetivo deste livro é oferecer aos interessados por comunicação e jornalismo um breve guia ou ponto de partida para o entendimento dessa questão. Como toda introdução, a intenção desta obra é fornecer uma visão ampla sobre os fundamentos teóricos e práticos produzidos

---

3   Leia mais sobre o assunto em Cox (2018) e também em Watts (2018).

pelo encontro entre a comunicação social e os direitos humanos. E há vários caminhos para quem se propõe a entender essa relação.

A princípio, tudo depende dos pressupostos conceituais de cada estudo, já que os pontos de partida são as diferentes concepções e compreensões tanto do que a palavra *comunicação* significa quanto do termo *direitos humanos*. Por exemplo, você pode definir o campo da comunicação com base nas tecnologias e empresas de informação e entretenimento e em suas implicações políticas, sociais, culturais e econômicas. É desse pressuposto que surge a problemática da "mídia" como o principal objeto dos estudos comunicacionais. Portanto, refletir sobre comunicação e os direitos humanos significa, antes de tudo, discutir como os direitos humanos são reportados pelos meios de comunicação, quais são os instrumentos utilizados, quais são as formas de abuso e violência que a mídia comete contra os direitos humanos, qual é o seu papel na promoção desses direitos e quais seriam as bases para um jornalismo humano e humanitário.

Por outro lado, a comunicação também pode ser entendida como aquilo que acontece "entre" as pessoas, aquilo que faz com que algo seja partilhado, posto em comum. Ou seja, a comunicação é definida como uma característica que é fundamental ao ser humano e que, por isso, deve ser constituída e defendida como um direito humano. Logo, os estudos sobre comunicação e direitos humanos que partem desse pressuposto ocupam-se da formação histórica e sociopolítica desse direito, bem como de seus entrelaçamentos com os direitos à liberdade de imprensa, à liberdade de opinião e expressão, à liberdade de reunião e associação, bem como à livre circulação.

Entretanto, a escolha de um desses caminhos para a formação de uma área de estudos denominada *comunicação e direitos humanos* ainda depende de um entendimento mais profundo e produtivo sobre o que seriam os próprios direitos humanos. De onde eles surgiram? São universais ou históricos? São inquestionáveis? São imutáveis? O que é a Declaração Universal dos Direitos Humanos (DUDH)? Qual é a sua relação com a Organização das Nações Unidas (ONU)? Qual é a sua relação com as lutas de movimentos por direitos de grupos marginalizados socialmente, economicamente e culturalmente? Qual é o papel dos direitos humanos nos regimes democráticos? Essas são algumas perguntas que precisam ser respondidas antes de qualquer aproximação com uma área complexa do saber acadêmico e profissional, como é o caso da comunicação e, de maneira mais específica, do jornalismo.

É com base nessas questões em torno da constituição de uma disciplina dentro do campo jornalístico situado em diálogo com os estudos comunicacionais que o mapa do nosso itinerário ganha forma.

No **Capítulo 1** deste livro, portanto, devemos empreender um estudo introdutório sobre os direitos humanos. Isso implica apreender seu desenvolvimento histórico, discutir sobre a constituição dos direitos civis, econômicos, sociais e culturais, compreender o contexto de elaboração da Declaração Universal dos Direitos Humanos (DUDH) de 1948 e a emergência de novos direitos, como os direitos ambientais, além de refletir a respeito dos fundamentos teóricos e sociopolíticos dos direitos humanos.

No Capítulo 2, discutiremos a comunicação como um direito humano e sua importância para a teoria e a prática jornalísticas. Nesse momento, devemos conhecer a construção social dos direitos à comunicação, à liberdade de expressão e de imprensa, bem como o papel do pluralismo midiático e as consequências da sua negação, com base nos monopólios de grandes empresas de informação e entretenimento.

No Capítulo 3, o tema é a produção midiática e os direitos humanos. Dentre os tópicos abordados, destacamos as violações dos direitos humanos na mídia, as formas de enquadramento jornalístico dos direitos humanos, o jornalismo como vetor de promoção dos direitos humanos, as políticas públicas de comunicação voltadas aos direitos humanos e, ao final, a constituição de um campo profissional e acadêmico chamado de *jornalismo humanizado*.

Por fim, o Capítulo 4 trata das relações entre jornalismo, meio ambiente e direitos humanos. Nele, vamos saber mais sobre a emergência do meio ambiente como um direito fundamental para compreendermos as especificidades, os desafios e o papel do jornalismo ambiental.

Durante nossa jornada, também devemos nos ocupar das principais críticas aos direitos humanos, não apenas com o intuito de problematizar histórica e conceitualmente preconceitos voltados à pauta humanitária – que frequentemente transparecem em frases como "direitos humanos são direitos de bandidos" ou "direitos humanos para humanos direitos" –, mas, sobretudo, para abordarmos autores que se dedicaram a estudar os fundamentos e as práticas produzidas pela gramática dos direitos humanos com o objetivo de apontar suas limitações e seus paradoxos para, ao mesmo tempo, pensarmos outros caminhos, transformações e desdobramentos.

O principal objetivo deste livro é acompanhá-la ou acompanhá-lo em seus primeiros contatos e reflexões sobre o tema *comunicação e direitos humanos*. Desejamos ainda que suas futuras pesquisas, seus futuros estudos e seus projetos ajudem a pavimentar um caminho em direção a uma comunicação mais humanitária e humana.

Como aproveitar ao máximo este livro

Empregamos nesta obra recursos que visam enriquecer seu aprendizado, facilitar a compreensão dos conteúdos e tornar a leitura mais dinâmica. Conheça a seguir cada uma dessas ferramentas e saiba como elas estão distribuídas no decorrer deste livro para bem aproveitá-las.

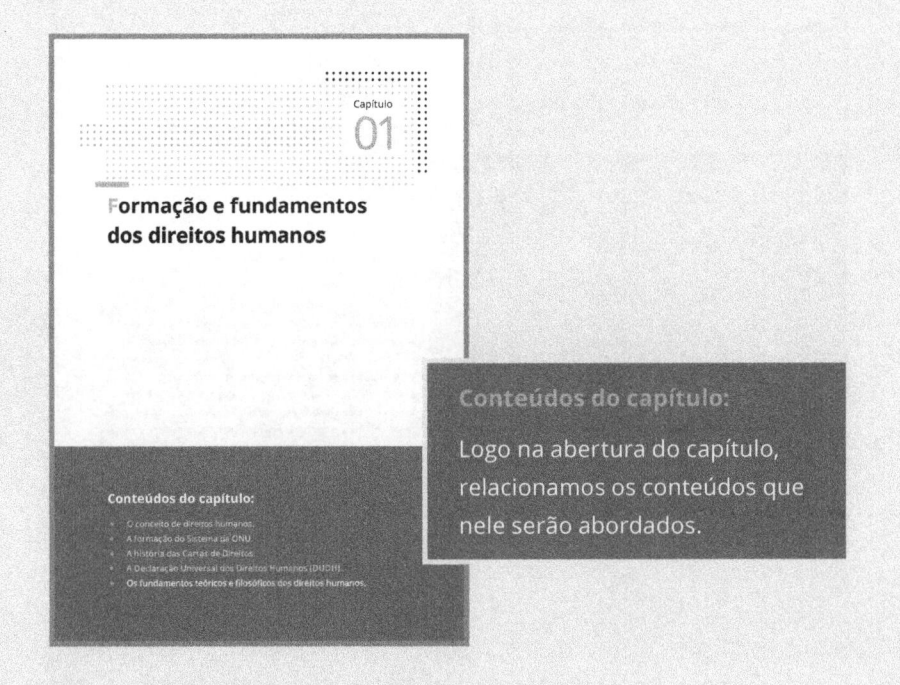

Capítulo
01

Formação e fundamentos dos direitos humanos

Conteúdos do capítulo:
- O conceito de direitos humanos.
- A formação do Sistema da ONU.
- A história das Cartas de Direitos.
- A Declaração Universal dos Direitos Humanos (DUDH).
- Os fundamentos teóricos e filosóficos dos direitos humanos.

Conteúdos do capítulo:
Logo na abertura do capítulo, relacionamos os conteúdos que nele serão abordados.

Comunicação e direitos humanos: elementos para um jornalismo responsável

Após o estudo deste capítulo, você será capaz de:

1. compreender criticamente a constituição histórica e teórica dos direitos humanos;
2. apreender a inserção dos direitos humanos em outros debates do pensamento moderno e contemporâneo;
3. entender o funcionamento de sistemas internacionais de proteção aos direitos humanos;
4. avaliar a influência das tradições liberal e socialista na formação dos direitos internacionais.

Após o estudo deste capítulo, você será capaz de:

Antes de iniciarmos nossa abordagem, listamos as habilidades trabalhadas no capítulo e os conhecimentos que você assimilará no decorrer do texto.

Existem ao menos duas formas de narrar a história da formação dos direitos humanos. Uma poderia ser classificada como *heroica*, por apresentar os direitos humanos como uma série de conquistas do mundo ocidental, de certa maneira linear, desde a Antiguidade até os dias de hoje. Nessa visão, é dominante o ideário de progresso dos direitos, como se a democratização de um país e seu ingresso no capitalismo avançado fossem suficientes para a garantia e a efetivação desses direitos. Portanto, essa narrativa vincula o princípio de universalidade dos direitos à existência de uma forma de regime econômico (liberal) e político (democrático). Ambas seriam as condições de possibilidade da implementação dos direitos humanos. Logo, para os que defendem essa visão, a agenda contemporânea dos direitos internacionalistas seria entendida como uma invenção americana que ampliou e complementou o compromisso

Formação e fundamentos dos direitos humanos

não pode ser apreendida fora do contexto da Guerra Fria e da queda do mundo soviético[1].

1.2
Sobre os escombros da guerra: a fundação da ONU

O ano de 1945 marcou o fim da Segunda Guerra Mundial, o maior e mais sangrento conflito militar da história humana, no qual estiveram envolvidos, direta ou indiretamente, cerca de sessenta Estados e mais de 110 milhões de combatentes. O número total de vítimas nunca chegou a ser conhecido, mas passou dos 65 milhões de mortos – em maior parte, de civis.

Luz, câmera, reflexão!

A desumanização em imagens

Para que você possa dimensionar os atos nefastos de desumanização ocorridos durante a Segunda Guerra, recomendamos que você assista ao documentário *Noite e neblina* (título original: *Nuit et brouillard*), lançado em 1956 e dirigido pelo renomado diretor francês Alain Resnais. Você pode encontrá-lo em uma rápida busca na internet. O média-metragem contrasta imagens da guerra e do cotidiano dos prisioneiros com os terrenos abandonados de Auschwitz

[6] Para um aprofundamento nessas questões, cf. Moyn (2018) e Neier (2012).

Luz, câmera, reflexão!

Esta é uma pausa para a cultura e a reflexão. A temática, o enredo, a ambientação ou as escolhas estéticas dos filmes que indicamos nesta seção permitem ampliar as discussões desenvolvidas ao longo do capítulo.

Comunicação e direitos humanos: elementos para um jornalismo responsável

Formação e fundamentos dos direitos humanos

Perguntas & respostas

Quais foram as contribuições de diplomatas brasileiros absorvidas na elaboração da Carta da ONU?

A inclusão da igualdade de gênero foi resultado da insistência da cientista brasileira Bertha Lutz e de diplomatas latino-americanas. Apenas 3% dos 160 participantes da Conferência das Nações Unidas sobre Organização Internacional em 1945 eram mulheres – e nem todas haviam apoiado a proposta de paridade de gênero. À época, Lutz já era uma das mais importantes ativistas feministas do país, pois havia participado de lutas históricas, como a do direito ao voto feminino (sancionado por Getúlio Vargas em 1932) e a do acesso de mulheres às universidades brasileiras.

Enquanto plataforma de negociação entre países, a ONU havia sido precedida pela Liga das Nações, até então a primeira tentativa de organização de uma instituição estável e cosmopolita, criada após a Primeira Guerra Mundial com o objetivo principal de mediar conflitos internacionais. Antes disso, os ideais humanitários eram normalmente mencionados em esparsos casos sobre o tratamento em relação a estrangeiros, minorias étnicas e grupos religiosos. Entretanto, mesmo tendo produzido consideráveis avanços – por exemplo, em questões relacionadas às condições de trabalho, à proteção de minorias étnicas na Europa, ao *status* de refugiados de guerra, ao tráfico drogas e de seres humanos, ao comércio de armas e à saúde global –, a Liga das Nações não conseguiu se estabelecer.

> ### Perguntas & respostas
> Nesta seção, respondemos a dúvidas frequentes relacionadas aos conteúdos do capítulo.

Comunicação e direitos humanos: elementos para um jornalismo responsável

Atualmente, além dos seis órgãos mencionados, o chamado *Sistema da ONU*⁸ também é constituído por outras vinte e seis entidades, dentre as quais estão agências especializadas, fundos, programas, comissões, departamentos e escritórios, que atuam em um campo específico e prestam assistência técnica e humanitária, como o Banco Mundial, o Fundo Monetário Internacional (FMI), a Organização das Nações Unidas para a Educação, a Ciência e a Cultura (Unesco), o Fundo das Nações Unidas para a Infância (Unicef) e o Alto Comissariado das Nações Unidas para os Direitos Humanos (ACNUDH), para citar alguns dos quais, com certeza, você já ouviu falar. Vinculados de diferentes maneiras à ONU, eles possuem orçamentos, regras e objetivos específicos, e nem todos os países-membros da ONU necessariamente participam ou são signatários de todo o sistema. Citamos, por exemplo, o caso da Unesco: em 2019 foi oficializada a saída dos Estados Unidos e de Israel por não concordarem com a decisão da entidade de ter reconhecido, em 2011, a Palestina como um Estado independente.

> ### Curiosidade
> Nestes boxes, apresentamos informações complementares e interessantes relacionadas aos assuntos expostos no capítulo.

Curiosidade

Tradicionalmente, o Brasil é o primeiro país a discursar na Assembleia Geral da ONU, seguido pelos Estados Unidos. Não há nenhuma recomendação ou regra escrita para tal prática, sendo sedimentado simplesmente como um hábito histórico desde a décima edição da

8 Mais informações, gráficos e vídeos informativos sobre o Sistema da ONU podem ser encontrados na própria página das Nações Unidas (2020) na internet.

Para saber mais

COMPARATO, F. K. *A afirmação histórica dos direitos humanos*. 3. ed. São Paulo: Saraiva, 2003.
Trata-se de leitura obrigatória para quem quer acompanhar uma narrativa histórica mais detalhada sobre a formação dos direitos humanos para além do recorte histórico que discutimos aqui.

PIOVESAN, F. *Temas de direitos humanos*. 5. ed. São Paulo: Saraiva, 2012.
Esse livro aprofunda os estudos sobre a influência da Declaração Universal dos Direitos Humanos na Constituição de 1988.

Se você quer saber mais sobre o papel das mulheres na formação da Carta da ONU, sugiro o estudo pioneiro do *Centre for International Studies and Diplomacy* (CISD) da Universidade de Londres, liderado por Fatima Sator e Elise Luhr Dietrichson, que destaca a atuação da brasileira Bertha Lutz [1]. Ainda sobre a vida da cientista brasileira, há a biografia escrita por Rachel Soihet (2006), *O Feminismo Tático de Bertha Lutz*.

CLAPHAM, A. *Human Rights*: a Very Short Introduction. Oxford: Oxford University Press, 2007.
HUNT, L. *Inventing Human Rights*: a History. London/New York: W. W. Norton & Company, 2007.
MOYN, S. *Human Rights and the Uses of History*. London/New York: Verso, 2014.
Leia essas três obras (em inglês) para conhecer mais sobre os fundamentos teórico-filosóficos dos direitos humanos.

[1] Mais informações em Soas (2016).

Para saber mais

Sugerimos a leitura de diferentes conteúdos digitais e impressos para que você aprofunde sua aprendizagem e siga buscando conhecimento.

Síntese

Neste primeiro capítulo do livro, você pôde ver a discussão sobre a formação histórica e os fundamentos teóricos dos direitos humanos, até a promulgação da DUDH. Também tomou conhecimento das diferentes gerações de direitos, ao lançarmos um olhar crítico sobre as tensões entre os princípios de jusnaturalismo e juspositivismo, de universalidade e contextualidade, do pensamento liberal e socialista. Você viu ainda uma reflexão sobre contradições e conquistas da gramática dos direitos humanos e também conheceu um pouco mais sobre a criação e o funcionamento da ONU e seus diversos organismos. Com isso, você obteve a base necessária sobre a qual serão desenvolvidos nossos próximos estudos a respeito da relação entre comunicação e os direitos fundamentais.

Questões para revisão

1. Sobre a formação da Organização das Nações Unidas (ONU), assinale a alternativa *incorreta*:
   a) A ONU foi fundada no mesmo ano em que terminou a Segunda Guerra Mundial, em 1945, com a promulgação da Carta das Nações Unidas, documento também conhecido como *Carta de São Francisco*.
   b) O termo *Nações Unidas* havia sido anteriormente empregado pelo governo norte-americano para descrever os Países Aliados da Segunda Guerra Mundial, que, em janeiro

Síntese

Ao final de cada capítulo, relacionamos as principais informações nele abordadas a fim de que você avalie as conclusões a que chegou, confirmando-as ou redefinindo-as.

Direitos humanos, jornalismo e meio ambiente

Questões para revisão

1. Sobre a emergência dos direitos ambientais na história de formação dos direitos humanos, assinale a alternativa incorreta:
   a) Os direitos ambientais não aparecem na DUDH, de 1948. A questão ambiental só começou a se tornar evidente a partir da década de 1960, com o crescimento do discurso ecológico e do debate econômico em torno da sustentabilidade.
   b) Em 1972, o direito ambiental foi tratado de forma decisiva pelo Sistema da ONU durante a Conferência das Nações Unidas sobre Meio Ambiente Humano, em Estocolmo, na Suécia.
   c) Com a Declaração de Estocolmo, o meio ambiente foi compreendido pela primeira vez dentro da gramática dos direitos fundamentais. O texto pode ser considerado um desdobramento consequente do art. XXV da DUDH, que trata do direito à vida que assegure a saúde e o bem-estar do indivíduo.
   d) Durante os últimos cinquenta anos, os direitos ambientais foram sendo aplicados sistematicamente pelos países-membros da ONU, promovendo a melhoria da qualidade de vida e a preservação do meio ambiente na Terra.

2. Considerando o conceito de sustentabilidade, marque V para as afirmações verdadeiras e F para as falsas:
   ( ) O conceito de sustentabilidade, desde sua origem, com o trabalho do cientista alemão Hans Carl von Carlowitz, em

Questões para revisão

Ao realizar estas atividades, você poderá rever os principais conceitos analisados. Ao final do livro, disponibilizamos as respostas às questões para a verificação de sua aprendizagem.

Jornalismo e os direitos humanos à comunicação

de qualquer um dos três poderes da União – nos níveis federal, estadual ou municipal –, autarquias, empresas de economia mista e entidades privadas que recebam recursos públicos sem a necessidade de apresentar algum motivo.
c) Seu principal objetivo é garantir o controle e a transparência das atividades de um Estado ou governo pela sociedade civil.
d) Documentos públicos em regime de sigilo ultrassecreto e secreto não são cobertos pela LAI.

4. Liste os principais direitos fundamentais contidos no quadro de direitos à comunicação, discutidos neste capítulo.

5. O que foi o *Relatório MacBride*?

Questões para reflexão

1. Com base no que foi discutido neste capítulo, você considera que os direitos à comunicação pertencem a uma outra categoria de direitos (quando comparados aos direitos individuais)?

2. Pondere os motivos pelos quais a regulamentação dos meios de comunicação no Brasil não conseguiu avançar nas últimas décadas.

Questões para reflexão

Ao propor estas questões, pretendemos estimular sua reflexão crítica sobre temas que ampliam a discussão dos conteúdos tratados no capítulo, contemplando ideias e experiências que podem ser compartilhadas com seus pares.

Introdução

Por uma voz singular e plural

Como veremos no decorrer deste livro, os direitos humanos constituem, antes de tudo, um quadro de referência para diversas ações que buscam a melhoria das condições de vida social, as quais podem ser políticas, sociais, econômicas, culturais, ambientais ou comunicacionais. Seu discurso opera com uma espécie de gramática, um instrumento prescritivo ou um conjunto de referências históricas que auxiliam no direcionamento dessas ações. Contudo, os direitos humanos não possuem, a princípio, força normativa e legal. Eles se tornam norma, por exemplo, quando constituições nacionais e respectivas regulamentações absorvem essa gramática com o intuito de proporcionar melhores condições de vida em sociedade para a sua população.

No entanto, dificilmente ações afirmativas – ou seja, ações voltadas à compensação de perdas provocadas por discriminação e marginalização com o objetivo de dirimir desigualdades históricas e garantir a igualdade de tratamento e oportunidades – são tomadas por estratos sociais que não sofrem os efeitos da marginalização e que, o mais das vezes, ainda são favorecidos pelo próprio sistema de exclusão. Para a efetivação de ações afirmativas é necessária pressão social, a qual é resultado de lutas de grupos que estão excluídos ou à margem dos processos de distribuição de riqueza, de saúde, de emprego, de educação e de tantos outros direitos necessários para que cada um de nós possa conduzir a vida em sociedade de maneira digna. E as lutas contra diversas faces da desigualdade ganham forma, antes de tudo, no empenho e no esforço pela visibilidade ou pelo reconhecimento de uma marginalização a ser problematizada e dirimida. Narrativas, relatos, reportagens, conceitos, relatórios constituem formas necessárias para tornar públicos os problemas que concernem a todos. Um exemplo: em 2015, no ano em que o feminicídio – ou seja, o assassinato de pessoas do sexo feminino cometido pelo fato de elas serem mulheres – foi incluído no Código Penal brasileiro como qualificador de homicídio e listado como um crime hediondo, houve um crescimento considerável de registros desse delito, passando de 69 para 956 mortes denunciadas, de acordo com dados da Central de Atendimento à Mulher – o Ligue 180[1]. Por isso, deveríamos assumir um imperativo comunicacional de exposição de cada forma de exclusão, com o intuito de fazer com que essa marginalização apareça como um problema a ser enfrentado pela sociedade.

Seja por meio da denúncia e da mobilização, seja por sua função pedagógica, o papel da comunicação humana e dos meios de informação nesses processos de mitigação das exclusões sociais é fundamental. E você, como estudante ou não de jornalismo, agora, neste exato momento, já é capaz de contribuir com essa função social dos meios. Como? Atuando na promoção da pluralidade de vozes singulares. O que isso significa exatamente?

---

1   Dados publicados na matéria de Brito (2018).

Em 2009, a escritora nigeriana Chimamanda Ngozi Adichie, uma das vozes contemporâneas mais importantes da literatura mundial, deu uma palestra na TED[2] sobre "o perigo de uma única narrativa". Antes de prosseguirmos, peço que você assista a essa palestra agora. Ela dura pouco mais de quinze minutos e é uma ótima resposta à pergunta do que podemos fazer para darmos um passo rumo à compreensão do desafio primordial de uma comunicação que busca ser mais humana. Pode vê-lo agora, que o restante do livro pode esperar.

Para assistir ao vídeo, basta digitar o endereço a seguir no navegador do seu e-reader, smartphone ou computador:

ADICHIE, C. N. The danger of a single story. TEDGlobal, 2009. Disponível em: <www.ted.com/talks/chimamanda_adichie_the_danger_of_a_single_story>. Acesso em: 16 jun. 2020.

Já assistiu à palestra? Então, que relação você faria entre o que foi dito pela escritora nigeriana e a função básica do jornalismo para a promoção dos direitos humanos? Vamos recapitular alguns momentos da fala de Chimamanda. A autora expressa preocupação com a sub-representação de diferentes povos. Ao concluir sua palestra, ela observa a importância da narração de diferentes histórias e perspectivas para que diversas culturas sejam representadas de

---

[2] A TED é uma organização midiática norte-americana sem fins lucrativos dedicada à disseminação de ideias, geralmente na forma de palestras curtas. Fundada em 1984, a TED começou organizando conferências sobre Tecnologia, Entretenimento e Design (daí o acrônimo). Hoje, as conferências abrangem diversos tópicos. Já os eventos TEDx são independentes e podem ser organizados por qualquer pessoa ou instituição, desde que obtenha uma licença gratuita da TED e que concorde em seguir certas diretrizes como, por exemplo, o formato das palestras.

maneira adequada. Ela defende, portanto, uma maior compreensão e uma singularização das histórias, porque as pessoas são muito mais complexas do que aparentam ser à primeira vista. A falta de diferentes narrativas sobre um mesmo povo dá margem, portanto, à cristalização de estereótipos.

A palavra *estereótipo* remete a um modo de impressão gráfica por meio de placas metálicas que eram usadas como moldes para reprodução de livros e jornais. Esse termo vem do grego e significa, literalmente, forma ou impressão sólida, rígida, firme ou duradoura. Não por acaso, o uso em sentido figurado para descrever a fixação e a simplificação de características de determinada pessoa ou grupo social veio de um dos teóricos pioneiros na constituição da comunicação como um campo acadêmico, o jornalista estadunidense Walter Lippmann. Em *Public Opinion* (Opinião Pública), seu livro mais conhecido e originalmente publicado em 1922, Lippmann (1998) define os estereótipos como imagens mentais fixas e supraindividuais que são rapidamente difundidas pelos meios de informação e entretenimento. Elas teriam uma função importante de facilitar a tomada de decisões em processos complexos para lidar com o mundo e o ambiente ao redor do indivíduo. Mas, nessa mesma obra, o teórico estadunidense já havia observado que os estereótipos são essencialmente conservadores (pois reativos às mudanças) e que um padrão de estereótipos nunca é neutro (Lippmann, 1998, p. 96). Os estereótipos, portanto, são ferramentas para manter segura a posição ocupada por aqueles que querem permanecer como o estrato hegemônico. São instrumentos de desumanização e despersonalização de pessoas para as quais não se quer conceder reconhecimento e direitos.

Agora que você atentou para o poder destrutivo de uma única narrativa com base na sedimentação de um estereótipo, acreditamos ter ficado mais claro o motivo pelo qual um dos primeiros desafios de uma comunicação ou um jornalismo que se queira "social" seja o de produzir uma fala plural capaz de desarmar preconceitos e de desembrutecer os sentidos para denunciar os processos de exclusão da vida democrática. Acima de tudo, a pluralização das falas busca compor narrativas capazes de desnaturalizar fatos do nosso cotidiano – testemunhados nos espaços público e privado, presencialmente ou mediante veículos de informação – que constituem verdadeiras violações aos direitos humanos, mas que não são enxergados enquanto tais.

Por esse motivo, é neste encontro com temas e problemas agrupados de maneira genérica sob o conceito de *direitos humanos* que os estudos em comunicação fazem jus ao seu adjetivo "social". Não é por acaso que os cursos de Comunicação Social[3] foram criados no Brasil em meio aos debates promovidos nas décadas de 1960 e 1970 pelo Centro Internacional de Estudos Superiores de Periodismo para a América Latina (Ciespal)[4], órgão vinculado à Organização das

---

[3] O termo foi popularizado principalmente pelo decreto *Inter Mirifica*: sobre os meios de comunicação social, escrito durante o Concílio Vaticano II e promulgado em 4 de dezembro de 1963. Composto por 24 artigos, o decreto marca pela primeira vez o posicionamento da Igreja Católica diante dos meios de comunicação em massa. Após o Concílio, o termo tornou-se preterido para referência aos meios de comunicação em massa, particularmente em razão de sua maior abrangência. O documento, o decreto *Inter Mirifica*, pode ser lido em Concílio Vaticano II (1966).

[4] Com sede em Quito, no Equador, a fundação do Ciespal ocorreu no final de 1958, durante a 10ª Conferência Geral da Unesco, realizada em Paris, sendo constituído no ano seguinte. Para mais informações sobre o Centro e suas atividades, consulte a página <www.ciespal.net>. Para conhecer mais sobre o papel do Ciespal na constituição dos cursos de Comunicação Social no Brasil, cf. Feliciano (1988) e Aragão (2017b). Para um estudo mais crítico da primeira fase do centro, cf. Aragão (2017a).

Nações Unidas para a Educação, a Ciência e a Cultura (Unesco) que, após uma primeira fase de tom mais positivista sob influência dos estudos norte-americanos da *Communication Research*, procurou fundamentar e ressaltar a responsabilidade social do profissional de comunicação como agente de transformações socioculturais.[5]

Esse potencial transformador só é possível porque a comunicação – o "estofo" do jornalismo –, mais do que se ocupar apenas da otimização dos processos de troca de informações, refere-se a um espaço comum de compartilhamento, um espaço de encontro que só existe *entre* nós (por isso, plural) e que só pode ser constituído pelas diferenças trazidas na presença de um *outro*. Esse *outro*, seja um "tu" ou um "ele(s)", é anterior ao "eu" ou "nós". Isso significa dizer que a minha ou a sua existência só se dá enquanto coexistência. Por exemplo, a língua com a qual nos comunicamos agora não foi inventada por mim nem por você, mas nos foi dada por outros e falamos *por meio* dela. Você também já parou para pensar que a maior parte do nosso conhecimento não foi experienciada ou verificada por nós mesmo, mas que nos chegou via relatos e ensinamentos de outras pessoas ou mesmo por matérias jornalísticas? Ou, ainda, que cada uma das definições que constituiriam algo como

---

[5] Para uma discussão sobre a influência da Unesco na formação dos cursos de Comunicação Social, cf. Aguiar (2013); Antonioli (2006, 2014); Brasil (2009); Meditsch (1999). Cabe ressaltar que a maioria desses pesquisadores citados é crítica em relação ao papel da Unesco por subordinar à Comunicação Social o ensino do jornalismo, pois defendem que este constituiria um campo anterior e específico que demandaria um tipo de profissional diferente do de "comunicólogo". Mesmo que esse debate não seja objeto de análise deste livro, discutiremos brevemente sobre esse tema no segundo capítulo deste livro, quando veremos o papel da Unesco na elaboração do *Relatório McBride* e sua influência no entendimento da comunicação como um direito humano.

sua identidade – local de nascimento, sotaque, costumes, moradia, gostos etc. – podem ser apresentadas por meio de negativas: ou seja, sou nordestino porque não sulista, sou brasileiro porque não argentino, sou sul-americano porque não europeu etc.? Com isso, gostaríamos de apontar para o fato de que, por trás de toda definição ou inclusão em uma categoria ou grupo, há sempre um processo de exclusão.

O problema, no entanto, reside não na delimitação de identidades – mesmo que fluidas ou provisórias –, e sim na estereotipificação do outro ou na sua transformação em inimigo, ou seja, a presença do outro é reconhecida como uma ameaça ou problema dado à minha própria identidade. Isso seria um paradoxo, pois é exatamente a presença de diferentes, de outros que não eu ou nós, que possibilitaria a constituição de algo que poderíamos chamar de "eu". Mais ainda: no espaço "entre" que funda a comunicação não poderia existir uma exclusão absoluta de um outro pelas suas diferenças em relação a mim, pois aquele com o qual nada partilho ainda partilha comigo sua condição humana. Portanto, o apelo à reflexão comunicacional sobre os direitos humanos é um apelo à consideração dos que fazem parte deste "não fazer parte" do "nós" majoritário (no sentido de quem tem maior poder ou controle, e não necessariamente o maior número de pessoas) ou opressor dos direitos de outros grupos.

O primeiro passo para esse processo reflexivo é o reconhecimento das estruturas de inclusão e exclusão. Mas o reconhecimento de privilégios produzidos pelo acaso – o local de nascimento, a cor da pele, o sexo, a condição social etc. – não deve ser um chamado à culpa. Por exemplo, um homem heterossexual, branco, europeu e rico não deveria se sentir culpado pela sua condição, mas antes responsável pelos mecanismos de exclusão retroalimentados no silenciamento de outras vozes por todas essas categorias majoritárias. A culpa é algo que se confessa e para a qual se determina uma expiação. A responsabilidade provoca o reconhecimento e demanda uma resposta, cuja primeira reação possível é ouvir essa demanda.

Dar ouvidos: do ponto de vista comunicacional, o desafio maior, mais do que as formas de narrar a esse "outro", é que esse "outro" fale e seja ouvido por nós. O desafio de narrativas plurais. Essa é uma função fundamental de mediação que tem no jornalismo o seu mais importante bastião, seja no enquadramento da matéria, seja na sua capacidade de entrelaçar perspectivas, seja no acolhimento de outras vozes, seja na quebra de estereótipos. E uma das ferramentas retóricas mais importantes para isso é o exemplo. Ao citarmos um exemplo, invocamos algo como um modelo para uma regra ou regularidade que é, ao mesmo tempo, único, singular. Relatar histórias e narrativas vinculadas aos direitos humanos com base em perspectivas singulares as aproximam de outras pessoas, seja por sensibilização, seja por reverberação de histórias semelhantes. A singularidade das vozes é capaz de demonstrar a pluralidade constitutiva da nossa coexistência.

Logo, a gramática dos direitos humanos não é – e nem aspira a ser – um "guia do politicamente correto". Antes de tudo, ela constitui um horizonte e um campo de disputa e transformações práticas e teóricas que buscam a melhoria da vida democrática. A mediação reflexiva e empática – que busca reconhecer as estruturas de inclusão e exclusão na distribuição de direitos políticos, sociais, econômicos e culturais – é capaz de enfrentar uma cultura do ressentimento que associa as pautas de lutas humanitárias e identitárias (por exemplo, pelos direitos de gênero) à perda de determinados privilégios garantidos pela cor da pele, pelo gênero, pela orientação sexual, pela situação financeira etc. Os estudos sobre direitos humanos e jornalismo são fundamentais para que falácias do tipo "ativismo pelos direitos dos homens" – como se os homens os perdessem por conta da luta pelos direitos das mulheres – ou "direitos humanos para humanos direitos" não sejam apenas questionadas, mas principalmente compreendidas, porque elas são sintomas de um momento histórico e se apresentam como um movimento de reação a uma série de conquistas democráticas consolidadas a duras penas e perdas de várias pessoas que sofreram ou foram, de fato, assassinadas pelo caminho.

Trilhar uma das veredas possíveis para dar conta desse percurso teórico e histórico é o convite que este livro faz a você, cara leitora ou caro leitor. Se você chegou até esta linha, já demonstra um espírito aberto e crítico necessário para essa nossa empreitada. Esperamos que este livro opere como uma verdadeira introdução: fazer com que você não só entre em uma área do conhecimento comunicacional e jornalístico para adquirir uma visão mais ampla de um problema acadêmico e também profissional, mas que também, por meio da reflexão e do hábito, desenvolva-o e transforme-o em atividades futuras que colaborem para a disseminação de uma comunicação mais humana, não apenas no sentido da relação que ocorre entre seres humanos, mas também entre nós, as coisas e o meio que nos envolve.

Capítulo
01

Formação e fundamentos dos direitos humanos

Conteúdos do capítulo:

- O conceito de direitos humanos.
- A formação do Sistema da ONU.
- A história das Cartas de Direitos.
- A Declaração Universal dos Direitos Humanos (DUDH).
- Os fundamentos teóricos e filosóficos dos direitos humanos.

Após o estudo deste capítulo, você será capaz de:

1. compreender criticamente a constituição histórica e teórica dos direitos humanos;
2. apreender a inserção dos direitos humanos em outros debates do pensamento moderno e contemporâneo;
3. entender o funcionamento de sistemas internacionais de proteção aos direitos humanos;
4. avaliar a influência das tradições liberal e socialista na formação dos direitos internacionais.

Existem ao menos duas formas de narrar a história da formação dos direitos humanos. Uma poderia ser classificada como *heroica*, por apresentar os direitos humanos como uma série de conquistas do mundo ocidental, de certa maneira linear, desde a Antiguidade até os dias de hoje. Nessa visão, é dominante o ideário de progresso dos direitos, como se a democratização de um país e seu ingresso no capitalismo avançado fossem suficientes para a garantia e a efetivação desses direitos. Portanto, essa narrativa vincula o princípio de universalidade dos direitos à existência de uma forma de regime econômico (liberal) e político (democrático). Ambas seriam as condições de possibilidade da implementação dos direitos humanos. Logo, para os que defendem essa visão, a agenda contemporânea dos direitos internacionalistas seria entendida como uma invenção americana que ampliou e complementou o compromisso original dos Estados Unidos da América (EUA) com a liberdade por meio de uma proteção social mais abrangente.[1] Para que você possa ter uma noção mais clara do que chamamos aqui de *narrativa heroica*, basta assistir a vídeos informativos ou institucionais sobre a formação dos direitos humanos que circulam pela internet, como o produzido pela própria Organização das Nações Unidas (ONU)[2], cujo papel fundamental para a consolidação dos direitos humanos será discutido neste capítulo.

Ao se assumir essa perspectiva heroica, não significa que ela esteja completamente equivocada, assim como uma visão diametralmente oposta, que considera os direitos humanos apenas uma forma retórica domesticada que tornaria o neoliberalismo global mais palatável[3] não estaria necessariamente errada. Contudo, o erro dessa perspectiva e de sua crítica não estaria na identificação das matrizes ideológicas dos direitos humanos, mas na descrição superficial de sua constituição e transformação como fenômenos históricos e complexos, ou seja, como um campo de disputa (ideológica, política, econômica, cultural etc.) cujo horizonte será sempre a proteção da vida humana e a melhoria do convívio entre pessoas diferentes.

Um olhar atento para essas disputas produz uma outra abordagem, fundada em um caminho crítico, porque traz uma

---

1 Para uma discussão mais elaborada sobre esse tema, cf. Moyn (2014), particularmente o primeiro capítulo "On the genealogy of morals". Aproveitamos para ressaltar que todas as traduções de citações de livros em línguas estrangeiras, quando não referenciadas as obras em português, são de nossa autoria.
2 ONU BRASIL. Há 70 anos: adotada a Declaração Universal dos Direitos Humanos. 2018. (Vídeo). 6 min. Disponível em: <https://youtu.be/SJy1M4iYiMo>. Acesso em: 7 fev. 2020.
3 Cf., por exemplo, Žižek (2011).

complexificação dos cenários e dos movimentos que constituíram a gramática do que hoje chamamos de *direitos humanos* não apenas para compreender seus contextos, mas para discutir suas contradições, seus problemas e seus efeitos práticos com o intuito de apreender a constituição dos direitos civis, econômicos, sociais e culturais no contexto de elaboração da Declaração Universal dos Direitos Humanos (DUDH) de 1948 e na emergência de novos direitos, como os direitos ambientais. Essa abordagem, portanto, mais do que apenas histórica, busca refletir sobre os fundamentos teóricos, econômicos e sociopolíticos dos direitos humanos. Mais ainda: ela parte do pressuposto de que, por mais que os direitos humanos tenham problemas em sua fundamentação jurídica, filosófica e prática, eles se consolidaram como a melhor estrutura ainda disponível para o confronto de questões supranacionais e humanitárias (Hunt, 2007, p. 213). Essa perspectiva, chamada aqui de *crítica*, pode nos fornecer ferramentas não para defender irrefletidamente ou rechaçar peremptoriamente esse quadro de referências chamado *direitos humanos*, mas para atuar em sua problematização, sua otimização e, principalmente, sua efetivação.

1.1
O que são direitos humanos?

Comecemos, então, nosso percurso com base na pergunta mais fundamental: Afinal, o que são direitos humanos? Uma primeira tentativa de resposta a essa questão pode ser encontrada na decupagem desse conceito: O que, nessa expressão, se entende por *direitos*? E quais seriam as implicações do adjetivo *humanos* que a forma?

Pela definição do filósofo político italiano Norberto Bobbio (1998, p. 349), o direito pode ser entendido, em sentido jurídico mais geral, como "o conjunto de normas de conduta e de organização, constituindo uma unidade e tendo por conteúdo a regulamentação das relações fundamentais para a convivência e sobrevivência do grupo social" (Bobbio, 1998, p. 349). Logo, o direito é compreendido como um ordenamento normativo que pode ser dotado de mecanismos de coação para que a violação dele seja inibida. Além disso, um direito é aquilo cujo cumprimento se exige em conformidade com as leis ou o sistema jurídico. O conjunto de direitos expressa, acima de tudo, um ideal de justiça que determina os limites da legalidade e do obrigatório aspirados por determinada comunidade. Por esse motivo, os *direitos* não devem ser confundidos com *privilégios*: ao passo que os primeiros são baseados na igualdade entre os membros, ou seja, são válidos para todas as pessoas sobre as quais o direito incide independentemente de qualquer particularidade, os segundos são oferecidos apenas a alguns indivíduos ou grupos com base em certas características, o que fere o princípio jurídico de igualdade.

Por sua vez, o adjetivo *humanos* indica que esse conjunto de normas se dirige a qualquer um da comunidade humana. Portanto, ele

Os direitos humanos são, de maneira geral, entendidos como um conjunto de direitos aplicados à proteção da dignidade humana, independentemente de fatores geográficos, biológicos, étnicos, culturais, econômicos etc. São direitos que não podem ser cancelados e que são adquiridos pelo simples fato de nascermos humanos.

delimita um tipo particular de direitos, ou seja, os direitos humanos seriam aqueles direitos atribuídos não a todos os membros de uma determinada sociedade, mas a qualquer ser humano. Tal atribuição remete a um princípio de universalidade: os direitos humanos são, de maneira geral, entendidos como um conjunto de direitos aplicados à proteção da dignidade humana, independentemente de fatores geográficos, biológicos, étnicos, culturais, econômicos etc. São direitos que não podem ser cancelados e que são adquiridos pelo simples fato de nascermos humanos.

Tal fato remete a uma antiga querela entre direito natural e direito positivo presente desde o alvorecer da filosofia do direito. De maneira bastante resumida, o *jusnaturalismo* defende que existam direitos inatos ao ser humano, tanto, por exemplo, os concedidos por Deus (para os filósofos escolásticos da Idade Média) quanto os concedidos pela Razão (para os pensadores iluministas do século XVIII), e que o sistema jurídico de determinado grupo deveria reconhecê-los para atuar de acordo com eles. Por sua vez, o *juspositivismo*, ao contrário, defende que as regras e leis são estabelecidas por um governo ou Estado. É com base nessa concepção que se consolidou a ideia de um Estado de Direito, já que o direito só poderia existir dentro de um Estado, e o Estado só poderia existir enquanto possuísse uma forma jurídica que o ordenasse.

O apelo à universalidade e a referência à dignidade[4] humana são motivos pelos quais muitos dos estudiosos que abordam o

---

4   A concepção de *dignidade* implica sempre uma demanda por respeito a determinados valores éticos e morais.

tema dos direitos humanos recorram a escritos religiosos. Como explica o advogado britânico especializado em direitos humanos Andrew Clapham (2007, p. 20), textos religiosos como a Bíblia e o Alcorão podem ser interpretados não apenas como ordenadores de deveres, mas também de direitos. Além disso, o respeito mútuo e a busca pelo bem-estar coletivo também estão presentes em tradições religiosas orientais, como no confucionismo, no hinduísmo e no budismo. Indo mais além, podemos encontrar referências à tolerância religiosa e à dignidade humana sugeridas em códigos antigos, como no Cilindro de Ciro (539 a.C.), no pensamento estoico grego e nas noções romanas de *ius gentium* ("direito das gentes" ou "dos povos", aplicáveis aos estrangeiros na Roma Antiga).

Contudo, se observamos o domínio prático de disputas sobre os direitos humanos e suas aplicações, constatamos que o direito sempre necessita de instituições capazes de garantir que seu conteúdo legal seja aplicado. Mesmo a defesa de direitos universais depende de uma hierarquização e um arbítrio sobre eles para definir casos de restrições mútuas. Por exemplo, você acha que o direito à vida é absoluto? Mesmo em casos de morte provocada em legítima defesa?

Assim, mesmo se dermos uma resposta sobre a plausibilidade do argumento de universalidade dos direitos humanos, mesmo se deixarmos de lado a pertinência de sua base jusnaturalista (que defende que os seres humanos possuem direitos adquiridos ao nascerem), não poderíamos ignorar a sua dependência a um poder instituído e às exigências do seu contexto histórico. E, se hoje podemos falar sobre direitos humanos como um quadro de referências para a vida democrática, é por conta de uma série de movimentos políticos e sociais que ocorreram pelo menos durante os últimos duzentos e cinquenta anos e que, enquanto se infiltravam, gradativamente, nos círculos diplomáticos e legais a partir dos anos 1940, tiveram de esperar até a década de 1970, com o surgimento de movimentos dissidentes na Europa Oriental, para entrar na linguagem cotidiana (Moyn, 2014, p. 47). No Brasil, apenas na década de 1980, com o fim dos vinte e um anos da ditadura militar no país, é que o termo *direitos humanos* começou a ganhar mais espaço no vocabulário comum.

A compreensão da história desses distintos movimentos e momentos históricos possui um texto-chave: a Declaração Universal dos Direitos Humanos (DUDH)[5], adotada pela Assembleia Geral da Organização das Nações Unidas (ONU) em 1948. A criação da ONU e a promulgação da DUDH operam como uma espécie de dobradiça capaz de unir um "antes" e um "depois", marcando o fim de um período histórico de afirmação dos direitos humanos e o início de um momento de intensa discussão e expansão desses direitos. Isso porque a enumeração dos trinta artigos da DUDH não está simplesmente congelada no tempo, uma vez que foi seguida de inúmeros tratados, pactos (ambos são acordos que criam obrigações legais vinculativas para os estados), convenções e declarações intergovernamentais que a complementaram.

O objetivo dos próximos tópicos será, então, compreender esses momentos de formação e afirmação dos direitos humanos. Buscaremos entender não apenas por que a emergência da ONU e

---

5   Você pode ler a Declaração na íntegra na seção de Anexos deste livro.

a proclamação da DUDH não podem ser separadas do contexto das duas Grandes Guerras do século passado, mas também por que a ascensão dos movimentos internacionais pelos direitos humanos não pode ser apreendida fora do contexto da Guerra Fria e da queda do mundo soviético[6].

1.2 Sobre os escombros da guerra: a fundação da ONU

O ano de 1945 marcou o fim da Segunda Guerra Mundial, o maior e mais sangrento conflito militar da história humana, no qual estiveram envolvidos, direta ou indiretamente, cerca de sessenta Estados e mais de 110 milhões de combatentes. O número total de vítimas nunca chegou a ser conhecido, mas passou dos 65 milhões de mortos – em maior parte, de civis.

Luz, câmera, reflexão!

A desumanização em imagens
Para que você possa dimensionar os atos nefastos de desumanização ocorridos durante a Segunda Guerra, recomendamos que você assista ao documentário *Noite e neblina* (título original: *Nuit et brouillard*), lançado em 1956 e dirigido pelo renomado diretor francês Alain

---

6   Para um aprofundamento nessas questões, cf. Moyn (2018) e Neier (2012).

Resnais. Você pode encontrá-lo em uma rápida busca na internet. O média-metragem contrasta imagens da guerra e do cotidiano dos prisioneiros com os terrenos abandonados de Auschwitz e Majdanek dez anos após a libertação dos campos de concentração nazistas. O título do documentário é retirado do programa nazista (em alemão, *Nacht und Nebel*) de deportações de "inimigos" do regime nazista para os campos de concentração decretado por Adolf Hitler em 7 de dezembro de 1941. O roteiro foi escrito em colaboração com Jean Cayrol, um sobrevivente do campo de concentração de Mauthausen-Gusen. O filme nos faz refletir sobre o cenário de horrores e perplexidade ao qual responde a DUDH e nos faz pensar sobre a responsabilidade de cada um de nós para que tal processo extremo e medonho de desumanização nunca mais venha a ocorrer.

A Organização das Nações Unidas foi fundada no mesmo ano em que terminou a Segunda Guerra, com a promulgação da Carta das Nações Unidas[7], assinada em 26 de junho de 1945, logo após o encerramento da Conferência das Nações Unidas sobre Organização Internacional, sediada na cidade de São Francisco (EUA). O documento, também conhecido como *Carta de São Francisco*, definiu os princípios, os propósitos e a estrutura da ONU, idealizada então como a entidade máxima para deliberações sobre o direito internacional e para a condução de acordos supranacionais.

7   A Carta pode ser acessada na íntegra em Nações Unidas (1945).

Perguntas & respostas

Quais foram as contribuições de diplomatas brasileiros absorvidas na elaboração da Carta da ONU?

A inclusão da igualdade de gênero foi resultado da insistência da cientista brasileira Bertha Lutz e de diplomatas latino-americanas. Apenas 3% dos 160 participantes da Conferência das Nações Unidas sobre Organização Internacional em 1945 eram mulheres – e nem todas haviam apoiado a proposta de paridade de gênero. À época, Lutz já era uma das mais importantes ativistas feministas do país, pois havia participado de lutas históricas, como a do direito ao voto feminino (sancionado por Getúlio Vargas em 1932) e a do acesso de mulheres às universidades brasileiras.

Enquanto plataforma de negociação entre países, a ONU havia sido precedida pela Liga das Nações, até então a primeira tentativa de organização de uma instituição estável e cosmopolita, criada após a Primeira Guerra Mundial com o objetivo principal de mediar conflitos internacionais. Antes disso, os ideais humanitários eram normalmente mencionados em esparsos casos sobre o tratamento em relação a estrangeiros, minorias étnicas e grupos religiosos. Entretanto, mesmo tendo produzido consideráveis avanços – por exemplo, em questões relacionadas às condições de trabalho, à proteção de minorias étnicas na Europa, ao *status* de refugiados de guerra, ao tráfico drogas e de seres humanos, ao comércio de armas e à saúde global –, a Liga das Nações não conseguiu se estabelecer.

Sem o apoio de superpotências da época (como os Estados Unidos e a União Soviética), depois da Crise de 1929 e do fracasso do Tratado de Versalhes e de sua política de cobranças contra a Alemanha (que foi ratificado pela Liga em 1920 e ajudou a produzir uma enorme crise no país, favorecendo a ascensão de Adolf Hitler), após a ineficiência em terminar a invasão do Japão na Manchúria em 1933 ou em impedir a Segunda Guerra Ítalo-etíope em 1935, ou, ainda, com a falta de um programa de melhorias sociais, econômicas e políticas aos povos atingidos pelo colonialismo, a Liga das Nações foi extinta por decisão dos seus 34 países-membros à época ao ser incorporada à ONU em 1946, que então herdou várias agências e organizações fundadas pela Liga.

Diferentemente, a idealização da ONU não foi apenas apoiada, mas também conduzida pela Casa Branca. O termo *Nações Unidas* havia sido anteriormente empregado pelo governo norte-americano para descrever os Países Aliados da Segunda Guerra Mundial que, em janeiro de 1942, assinaram um documento denominado *Declaração das Nações Unidas* (DECLARATION, 1942), uma carta que definia os princípios dos Aliados contra os Países do Eixo. Proposto pelo então presidente dos Estados Unidos, Franklin Delano Roosevelt, após consultar a União das Repúblicas Socialistas Soviéticas (URSS), o documento vinculava a vitória dos aliados à defesa da vida, da liberdade, da independência e da liberdade religiosa, bem como da preservação dos direitos humanos. A declaração foi logo promulgada por vinte e seis nações (entre elas, os Estados Unidos, a União Soviética, a China e o Reino Unido), às quais se seguiram outras com o desenvolvimento da guerra (o Brasil ratificou o documento em fevereiro de 1943). Com o fim da guerra, a Declaração havia aberto o caminho para a proposta de uma Organização das Nações Unidas. Desse documento, a entidade herdou o objetivo não apenas de prevenir futuras atrocidades das guerras entre povos, mas também de se tornar um bastião para os direitos humanos, como pode ser lido logo na abertura da Carta de São Francisco:

NÓS, OS POVOS DAS NAÇÕES UNIDAS, RESOLVIDOS

a preservar as gerações vindouras do flagelo da guerra, que por duas vezes, no espaço da nossa vida, trouxe sofrimentos indizíveis à humanidade, e a reafirmar a fé nos direitos fundamentais do homem, na dignidade e no valor do ser humano, na igualdade de direito dos homens e das mulheres, assim como das nações grandes e pequenas, e a estabelecer condições sob as quais a justiça e o respeito às obrigações decorrentes de tratados e de outras fontes do direito internacional possam ser mantidos, e a promover o progresso social e melhores condições de vida dentro de uma liberdade ampla. (Nações Unidas, 1945, p. 3)

Em 1945, cinquenta foram as nações que assinaram a Carta da ONU. Atualmente, a ONU é composta por 193 Estados-membros. A Carta definiu não apenas os propósitos da entidade, mas também dos seus principais órgãos, que são seis: a Assembleia Geral; o Conselho de Segurança; o Conselho Econômico e Social; a Corte Internacional de Justiça; o Secretariado; e o Conselho de Tutela. Este último está com suas atividades suspensas desde 1994, após atingir seus objetivos, porque foi criado para auxiliar territórios em regime de tutela para o desenvolvimento de um governo próprio e de sua progressiva independência e autodeterminação – o que foi necessário em muitos países africanos que estavam sob domínio das potências coloniais que vieram a ruir após as duas Grandes Guerras.

O Secretariado da ONU administra programas e políticas elaboradas pelos demais órgãos da entidade e tem de, entre outras funções, gerenciar as forças de paz, elaborar relatórios sobre os direitos humanos e o meio ambiente e divulgar as ações da ONU.

A Corte Internacional de Justiça é a maior entidade judiciária das Nações Unidas. O órgão fazia parte do sistema da Liga das Nações, com o nome de *Tribunal Permanente de Justiça Internacional* (também conhecido como *Corte ou Tribunal de Haia*, cidade holandesa na qual se localiza a sua sede, o Palácio da Paz). Sua principal função é deliberar questões judiciais e emitir pareceres de problemas jurídicos que podem ser solicitados apenas por nações – nunca por indivíduos. O Tribunal Internacional é composto por quinze juízes, que são eleitos separadamente a cada três anos pela Assembleia Geral e pelo Conselho de Segurança para um mandato de nove anos (com possibilidade de uma reeleição). Desde 2009, o juiz brasileiro Antônio Augusto Cançado Trindade é membro da Corte.

O Conselho Econômico e Social coordena todos os projetos e ações econômicos e sociais da ONU e de todas as instituições a ela vinculadas. Ele é responsável ainda por elaborar relatórios, sugerir e organizar atividades relacionadas a questões socioeconômicas em áreas como direitos humanos, ciência e tecnologia, comércio internacional etc.

O Conselho de Segurança é um dos organismos mais importantes da ONU. É ele que se ocupa da missão de "preservar as gerações vindouras dos flagelos da guerra", expresso na abertura da Carta das Nações Unidas (Nações Unidas, 1945, p. 3). O Conselho é responsável pela criação, manutenção e encerramento das Missões de Paz; deve atuar em situações que possam desencadear um conflito internacional; pode solicitar medidas e sanções a países que apresentem alguma ameaça à paz entre povos; pode recomendar o ingresso de um novo Estado-membro na ONU; e deve ainda recomendar a eleição de um novo secretário-geral. Por esse motivo, é o único órgão cuja decisão deve ser respeitada por todos os Estados-membros. O Conselho é constituído por cinco membros permanentes com poder de veto (Estados Unidos, Rússia, Reino Unido, França e China) e dez membros rotativos, eleitos pela Assembleia Geral a cada dois anos.

Por fim, a Assembleia Geral é o coração deliberativo das Nações Unidas. Todos os membros podem participar de suas sessões, que ocorrem na sede da ONU em Nova Iorque, e cada um tem direito a um voto. A Assembleia pode deliberar sobre qualquer assunto em pauta na ONU e deve eleger o secretário-geral, o mais alto cargo das Nações Unidas, cujo mandato dura cinco anos (podendo ser prorrogado por mais cinco). O secretário-geral pode acionar diretamente o Conselho de Segurança quando perceber ameaças à paz internacional. Em 2017, o cargo foi assumido pelo português António Guterres.

Atualmente, além dos seis órgãos mencionados, o chamado *Sistema da ONU*[8] também é constituído por outras vinte e seis entidades, dentre as quais estão agências especializadas, fundos, programas, comissões, departamentos e escritórios, que atuam em um campo específico e prestam assistência técnica e humanitária, como o Banco Mundial, o Fundo Monetário Internacional (FMI), a Organização das Nações Unidas para a Educação, a Ciência e a Cultura (Unesco), o Fundo das Nações Unidas para a Infância (Unicef) e o Alto Comissariado das Nações Unidas para os Direitos Humanos (ACNUDH), para citar alguns dos quais, com certeza, você já ouviu falar. Vinculados de diferentes maneiras à ONU, eles possuem orçamentos, regras e objetivos específicos, e nem todos os países-membros da ONU necessariamente participam ou são signatários de todo o sistema. Citamos, por exemplo, o caso da Unesco: em 2019 foi oficializada a saída dos Estados Unidos e de Israel por não concordarem com a decisão da entidade de ter reconhecido, em 2011, a Palestina como um Estado independente.

Curiosidade

Tradicionalmente, o Brasil é o primeiro país a discursar na Assembleia Geral da ONU, seguido pelos Estados Unidos. Não há nenhuma recomendação ou regra escrita para tal prática, sendo sedimentado simplesmente como um hábito histórico desde a décima edição da

---

8   Mais informações, gráficos e vídeos informativos sobre o Sistema da ONU podem ser encontrados na própria página das Nações Unidas (2020) na internet.

Assembleia Geral, em 1955 – o país deixou de inaugurá-la apenas em duas ocasiões, em 1983 e 1984.

Um ano após a assinatura da Carta de fundação das Nações Unidas, o primeiro secretário-geral da ONU, o sueco Trygve Halvdan Lie, que havia liderado a comitiva do seu país durante a Conferência de São Francisco, solicitou ao jurista canadense John Peters Humphrey, à época diretor da Divisão de Direitos Humanos do Secretariado, que trabalhasse no projeto de uma declaração internacional de direitos. Humphrey criou, então, a primeira Comissão de Direitos Humanos da ONU para a elaboração do documento, que teve como primeira diretora a diplomata e ativista norte-americana Eleanor Roosevelt, viúva do presidente Franklin Roosevelt[9]. Com vários representantes da comunidade internacional, a Comissão trabalhou dois anos no esboço da Declaração Universal, homologada pela Assembleia Geral em 10 de dezembro de 1948. No total, foram 48 votos a favor, nenhum contra e oito abstenções (Bielorrússia, Tchecoslováquia, Polônia, Ucrânia, União Soviética, Iugoslávia, África do Sul e Arábia Saudita). Para entendermos melhor as tensões em jogo durante a elaboração do documento e seus desdobramentos e influências no mundo pós-guerra, é necessária uma discussão mais demorada, sendo assunto de nossos próximos tópicos.

9   Franklin Roosevelt faleceu em 1945, onze semanas após o início do seu quarto mandato, tendo como sucessor o vice-presidente Harry Truman.

Perguntas & respostas

Quando os direitos humanos entraram na pauta da política nacional?

Pode-se falar apenas sobre o desenvolvimento de uma política nacional de direitos humanos no Brasil a partir do retorno, em 1985, do governo civil, após mais de meio século da proclamação da DUDH, quando o então presidente José Sarney anunciou a adesão aos Pactos Internacionais de Direitos Civis e Políticos e de Direitos Econômicos, Sociais e Culturais pelo país até 1990, tendo sido, nesse período, promulgada a Constituição de 1988, cujo art. 4º prevê a prevalência dos direitos humanos como princípio a reger o Brasil no cenário internacional.

1.3
Uma breve história dos direitos humanos e da DUDH

A promulgação da DUDH pelas Nações Unidas é, sem dúvida alguma, um marco na história da humanidade. Durante seus quase oitenta anos, ela influenciou não apenas legislações, sistemas de proteção e mecanismos internacionais de direitos humanos, como também amparou lutas decoloniais de independência de antigas colônias da era imperialista. Além disso, foi absorvida em novas Constituições dos países que desejaram ingressar na ONU ou já a integravam, como foi o caso do Brasil no período de redemocratização com sua

Constituição Cidadã de 1988, que ratificou vários instrumentos de proteção e promoção dos direitos humanos. Assim, a DUDH se tornou o horizonte mais importante para defensores e estudiosos dos direitos humanos. Constituída por um preâmbulo e trinta artigos, a Declaração é hoje o documento mais traduzido no mundo, disponível em mais de quinhentas línguas, podendo ser encontrada na íntegra na seção de Anexos deste livro.

Mesmo de caráter prescritivo, o êxito da DUDH pode ser confirmado ainda no seu papel na consolidação do Direito Internacional na segunda metade do século passado. Por isso, também é considerada um documento constitutivo da ONU, juntamente com a Carta de São Francisco. Outro fator que contribuiu para a assimilação dela por diferentes povos foi a tentativa de conciliar, em sua formulação, ideários presentes tanto no regime capitalista quanto no regime socialista, ao propor, no decorrer dos seus artigos, uma interdependência entre direitos civis e políticos (pilares do capitalismo liberal) e direitos sociais, econômicos e culturais (defendidos pelos movimentos socialistas e sociais democráticos). Tal costura ideológica pode ser mais bem visualizada no debate sobre "gerações" de direitos humanos. Um dos defensores dessa narrativa, o jurista tcheco-francês Karel Vasak (1983), que também foi conselheiro da Unesco, propôs, no final da década de 1970, uma divisão geracional para a história dos direitos humanos, que poderia muito bem se enquadrar naquela abordagem "heroica" referida no início deste capítulo. Com base no lema da Revolução Francesa – liberdade, igualdade, fraternidade –, ele apontou três gerações de direitos produzidas na Modernidade, cujos avanços jurídicos estariam absorvidos na DUDH:

a) **Direitos civis e políticos**, cujas origens encontram-se nas revoluções burguesas do século XVIII e nas respectivas conquistas que obtiveram, como os direitos à liberdade pessoal, à liberdade de pensamento, à liberdade de religião, à liberdade de reunião e à liberdade econômica (direitos civis), bem como os direitos à liberdade de associação partidária, à liberdade de voto e à liberdade de participar nas decisões políticas do Estado (direitos políticos).

b) **Direitos econômicos, sociais e culturais**, que surgiram com base no ideário socialista e operário da Revolução Industrial no século XIX. Esse conjunto de demandas buscava combater a desigualdade social inerente ao modo capitalista de produção da época e representou importantes conquistas, como os direitos ao trabalho, à organização de sindicatos, à assistência social, ao estudo, à saúde, à moradia e a condições dignas de vida.

c) **Direitos humanos** (direitos de fraternidade e solidariedade entre os povos), criados pela promulgação da DUDH, que, em tese, havia integrado os direitos das duas primeiras gerações, expandindo-os para todos os seres humanos, de modo universal.

Na esteira dessa classificação, nos últimos anos tem-se falado sobre direitos de quarta, quinta e até de sexta geração, propostos por diretrizes do discurso ecológico sobre o desenvolvimento sustentável (abordado no quarto capítulo deste livro), de discussões sobre bioética, processo de globalização, direitos humanos na era de dispositivos digitais, direito à comunicação (cujo contexto e desenvolvimento será abordado no próximo capítulo) etc. No entanto, é bom ressaltar que essa classificação por gerações não representa

Formação e fundamentos dos direitos humanos

qualquer sucessão de direitos – já que eles não seriam nem cumulativos, nem substitutivos, mas sempre abertos à discussão e à transformação em cada momento histórico.

Mas, mais do que corresponder à realidade factual, esse esquematismo nos serve para ilustrar o gesto de conciliação proposto pela DUDH entre o liberalismo e o socialismo, mencionado anteriormente. A aproximação entre esses dois polos, por mais que nos passe a impressão de criação de um sistema de pesos e contrapesos, gesta uma tensão cuja solução depende estreitamente do contexto histórico e vai ser expresso, muitas vezes, na impossibilidade de conciliação plena entre os direitos individuais e os direitos sociais[10].

> O ponto de partida e a medida absoluta das primeiras declarações de direitos é o ser humano, ou melhor, o indivíduo (enquanto cidadão), e não a comunidade dos seres humanos ou a sociedade.

Por outro lado, essa narrativa conciliatória entre diferentes regimes pode dar a ilusão de haver paridade entre eles. Para que isso seja mais bem observado, vamos retornar ao ponto de partida da classificação geracional do próprio Vasak (1983): a Revolução Francesa, um dos marcos dos movimentos burgueses do século XVIII. Como defende a historiadora norte-americana Lynn Hunt (2007) em seu livro *Inventing Human Rights* (A invenção dos direitos humanos), a DUDH deve ser, antes de tudo, compreendida como o resultado

---

10 Um exemplo desse conflito ideológico vai ser o nosso ponto de partida para o próximo capítulo: a diferenciação entre liberdade individual e o direito humano fundamental à palavra (à expressão) e à liberdade social de tornar público o que se considera informação jornalística ou entretenimento, derivadas do art. 19 da DUDH.

mais proeminente de uma história do liberalismo em defesa dos direitos do indivíduo, amadurecida no Iluminismo e na era das revoluções democráticas, como a Declaração de Independência Norte-Americana e a Revolução Francesa. Por esse motivo, o ponto de partida e a medida absoluta das primeiras declarações de direitos é o ser humano, ou melhor, o indivíduo (enquanto cidadão), e não a comunidade dos seres humanos ou a sociedade.

É por isso que, convencionalmente, a construção dos direitos humanos é apresentada com base em um arco histórico que vai das revoluções liberais e suas declarações de direitos dos cidadãos até o advento da DUDH, em 1948. Essas declarações são frutos do pensamento do período do Esclarecimento, que criticava o direito divino e valorizava a razão humana. As ideias iluministas, que ganharam forma após trabalhos de filósofos predecessores, como Thomas Hobbes, Montesquieu, René Descartes e John Locke, e de contemporâneos, como Voltaire, Jean-Jacques Rousseau, Adam Smith e Immanuel Kant, sobre direitos civis e políticos – como a ampliação do conceito de liberdade, a separação entre Estado e indivíduo, a liberdade de imprensa e a tolerância religiosa – formam a base moderna dos direitos humanos do nosso tempo. Vejamos, então, um resumo de algumas das principais declarações de direitos que antecederam a DUDH promulgada pelas Nações Unidas:

- Em 1688, houve a chamada Revolução Gloriosa, que inaugurou a monarquia parlamentar no Reino Unido, depois da deposição do rei Jaime II para o entronamento do príncipe Guilherme de Orange. Um ano depois, seria promulgada a Carta de Direitos (*Bill of Rights*), que, além de limitar os poderes do monarca ao conceder mais força ao parlamento, garantiu a validade de direitos consuetudinários (baseados nos costumes) do cidadão inglês, sendo, portanto, o primeiro documento de garantia de representação popular no regime monarquista via representação parlamentar.

- Em 1776, a declaração de independência das colônias norte-americanas abriu caminho para a criação da Constituição dos Estados Unidos da América (1787) e, em seguida, para a promulgação da Declaração dos Direitos Fundamentais dos Cidadãos dos Estados Unidos (*Bill of Rights*): dez emendas incluídas na nova Constituição que reconhecem direitos natos a todos os cidadãos do país ao garantir as liberdades fundamentais da nova nação, como a liberdade de religião e de imprensa, a proteção do direito inviolável da propriedade, o direito à ampla defesa, o *habeas corpus* e o julgamento pelo júri. O processo de independência dos Estados Unidos marca o início da democracia liberal moderna.

- Em 1789, a Revolução Francesa pôs um fim ao Antigo Regime monarquista e não apenas cristalizou em sua nova Constituição o ideal de liberdade presente na formulação da independência dos Estados Unidos, mas também o de igualdade. A Declaração dos Direitos do Homem e do Cidadão (*Déclaration des Droits de l'Homme et du Citoyen*) publicada no mesmo ano é considerada um marco na luta pelos direitos humanos porque defende a universalidade dos direitos, ou seja, aqueles que ultrapassam um determinado povo ou momento histórico e são vinculados à natureza humana. Compare, por exemplo, o primeiro artigo dessa declaração francesa – "Os homens nascem e são livres e iguais em direitos. As distinções sociais só podem fundamentar-se na utilidade comum" (USP, 2020) – com o primeiro da DUDH – "Todos os seres humanos nascem livres e iguais em dignidade e direitos. São dotados de razão e consciência e devem agir em relação uns aos outros com espírito de fraternidade" (Nações Unidas Brasil, 1948). Outros direitos naturais e imprescritíveis de acordo com a *Déclaration des Droits* são, por exemplo, as liberdades civis e políticas (de opinião, de religião, de ação política, direito à ampla defesa etc.), o direito à segurança, à propriedade e à resistência à opressão.

Mesmo que a declaração francesa tenha ensaiado um contraste ao forte teor individualista marcado nas outras declarações por meio do princípio de igualdade, ela ainda reduz o indivíduo e as desigualdades sociais à abstração do cidadão, ou seja, àquele que detém direitos políticos em um determinado país (não podemos esquecer que esse período também marcou a aurora do Estado-Nação, que funde elementos culturais e étnicos de um povo a um espaço geopolítico). Os direitos do cidadão, portanto, já produziam, de partida, mecanismos de exclusão de todos aqueles que não se enquadravam na categoria de cidadão, como as mulheres, os escravizados, os estrangeiros, os pobres, ou seja, de todos aqueles que estavam à margem da categoria do cidadão burguês (homem, branco e de posses). Um exemplo bastante citado é a figura paradoxal de Thomas Jefferson, principal autor da Declaração de Independência Norte-Americana, que detinha mais de 180 pessoas escravizadas em sua propriedade ao mesmo tempo em que proclamava que todos tinham direito à vida, à liberdade e à busca da felicidade.

Um dos grandes observadores e críticos dos problemas de fundamento dos direitos humanos gestados pelo Iluminismo foi o filósofo alemão Karl Marx. Para ele, os direitos proclamados pela Revolução Francesa não poderiam ser direitos humanos universais, pois os direitos do homem (*droits de l'homme*) só existem enquanto direitos do cidadão (*droits du citoyen*), e estes "nada mais são do que os direitos do membro da sociedade burguesa, isto é, do homem egoísta, do homem separado do homem e da comunidade" (Marx, 2010, p. 48).

Não obstante as críticas e as diferenças entre os princípios e movimentos liberais e socialistas e seus papéis na constituição do que hoje chamamos de *direitos humanos*, uma coisa eles possuem em comum: em suas origens, foram formas de resistência e luta.

Para o filósofo, na dualidade proposta pelo pensamento liberal entre "Estado político" e "sociedade civil", é apenas por intermédio de um Estado-Nação que o indivíduo pode reconhecer sua generalidade enquanto ser humano – o que seria, para Marx, uma ilusão.

A crítica de Marx expressa o contraponto dos movimentos políticos que, durante a Revolução Industrial do século XIX, lideraram as lutas por direitos sociais e econômicos. Entre algumas das principais demandas estavam a melhoria das condições de trabalho, a diminuição da jornada de trabalho, o combate à exploração do trabalho infantil, os direitos previdenciários e o direito à educação pública. Contudo, por mais que algumas propostas para promoção de direitos humanos socioeconômicos e culturais tenham surgido em Constituições mais antigas de vida curta, como as francesas de 1791 e de 1848, elas só seriam consolidadas como pautas constitucionais com o início da democracia social no século XX. Como exemplos, citamos a Constituição Mexicana de 1917 e a Constituição Alemã da República de Weimar de 1919 – esta última dissolvida após o Partido Nazista chegar ao poder em 1933.

Não obstante as críticas e as diferenças entre os princípios e movimentos liberais e socialistas e seus papéis na constituição do que hoje chamamos de *direitos humanos*, uma coisa eles possuem em comum: em suas origens, foram formas de resistência e luta. Contra os excessos dos Estados absolutistas, vieram os direitos civis e políticos das revoluções liberais. Diante dos excessos capitalistas da Revolução Industrial, vieram os direitos sociais dos movimentos socialistas e trabalhistas. E, em resposta ao período nefasto das duas Grandes Guerras, surgiram a ONU, a DUDH e a tentativa de pensar o indivíduo em solidariedade com outros seres humanos para além da ideia de cidadão com direitos garantidos por um Estado-Nação.

Com base no legado deixado pela imagem heroica do lema da Revolução Francesa, a DUDH promulgada pelas Nações Unidas tem como grande horizonte o entrelaçamento dos princípios de liberdade, igualdade e solidariedade. Seus fundamentos são calcados na universalidade, na indivisibilidade e na interdependência desses princípios expressos em seus artigos e nas gerações de direitos que eles representam.

Mas o que esses fundamentos, de fato, significam? Como fazer uma leitura crítica das possibilidades e dos limites dados pela DUDH? Como medir a efetivação daqueles princípios históricos no texto da

Declaração? Em que medida a liberdade, a igualdade e a fraternidade estão entrelaçadas? Quais são os desafios que elas impõem para o equilíbrio? Este seria possível ou mesmo desejável? Como afirma o filósofo francês Claude Lefort (1988, p. 21), uma coisa seria dizer "que os direitos sociais, econômicos e culturais (especialmente os mencionados na Carta das Nações Unidas) surgem como uma extensão desses direitos originais. Outra bem diferente é dizer que eles derivam da mesma inspiração, e outra ainda é aceitar a visão de que eles promovam a liberdade".

Para responder a essas questões, depois de havermos ensaiado uma breve história dos direitos humanos enquanto construção jurídico-constitucional, vamos lançar um olhar mais atento sobre esses fundamentos da Declaração dos Direitos Humanos da ONU. O objetivo é tentar delinear em que medida as lutas históricas pelos direitos humanos que estudamos neste tópico foram absorvidas pela DUDH e seu subsequentes pactos, tratados e convenções. Em seguida, para concluir este capítulo, vamos argumentar sobre a pertinência da DUDH e discutir o papel dos meios de comunicação na sua defesa e promoção[11].

∴ Sobre os fundamentos: da justificativa à proteção

Voltemos, então, ao contexto da primeira Comissão de Direitos Humanos da ONU responsável pela escrita da DUDH e coordenada

---

11   Esse tema é tratado de forma mais detalhada no Capítulo 3 deste livro.

por Eleanor Roosevelt, em 1946. Para auxiliar na preparação do documento, a Unesco empreendeu, em 1947, uma enquete com vários pensadores e filósofos da época para avaliar os fundamentos, pressupostos e problemas teóricos que surgiriam na elaboração de uma declaração internacional de direitos. A afirmação de um fundamento é sempre uma tentativa de reconhecimento e validação. No entanto, é curioso notar que, na época de sua elaboração, não foram poucas as vozes discordantes que surgiram na pesquisa, como a breve carta de Mahatma Gandhi, escrita em 25 de maio de 1947 ao diretor geral da Unesco daquele tempo, Julien Huxley, e apresentada logo no início do relatório. Veja que, na carta, Gandhi discorda da sugestão de uma declaração universal de direitos:

> Aprendi com minha mãe analfabeta, porém sábia, que todos os direitos a serem merecidos e preservados vêm do dever bem executado. Assim, o próprio direito de viver só nos é concedido quando cumprimos o dever de cidadania do mundo. A partir desta declaração fundamental, talvez seja fácil o bastante para definir os deveres do Homem e da Mulher e correlacionar todo direito a algum dever correspondente a ser executado primeiramente. Qualquer outro direito pode ser mostrado como uma usurpação pela qual não vale a pena lutar. (Unesco, 1948, p. 3)

Se até no entendimento da diferença entre direitos e deveres surgem problemas difíceis de serem superados, será que não haveria um sólido princípio filosófico para a Declaração? Até que ponto o debate sobre um fundamento irrefutável dos direitos auxilia na aplicação dos direitos humanos? Em seu livro *A era dos direitos*, o filósofo Norberto Bobbio (2004) afirma que toda busca por fundamentos absolutos dos direitos humanos seria infundada, razão pela qual estabelece alguns limites para esse debate fundacional, que, de certa forma, havia sido inaugurado pelo supramencionado relatório da Unesco.

Antes de tudo, para Bobbio (2004), a expressão *direitos humanos* é vaga demais e os termos que a compõem vão sempre variar de acordo com a ideologia do intérprete – o que, naturalmente, marca a diferença entre valores e fundamentos. Outro ponto importante (que vimos no decorrer deste capítulo) é que a classe dos direitos é variável historicamente (o que seria uma crítica ao universalismo e à indivisibilidade como princípios da DUDH). No século XVII, por exemplo, os direitos à propriedade eram invioláveis e sagrados, mas, com o advento dos direitos sociais, eles foram relativizados[12]. Um terceiro ponto diz respeito à interdependência dos artigos da Declaração e suas relações com outros sistemas legais. A classe dos direitos apresentados por ela é heterogênea – e esse simples fato demandaria a discussão não de um único e absoluto fundamento universal, mas de

---

12   Citamos, por exemplo, o caso da nossa Constituição Federal de 1988, que afirma, no art. 5º: "Todos são iguais perante a lei, sem distinção de qualquer natureza, garantindo-se aos brasileiros e aos estrangeiros residentes no País a inviolabilidade do direito à vida, à liberdade, à igualdade, à segurança e à propriedade, nos termos seguintes: [...] XXII – é garantido o direito de propriedade; XXIII – a propriedade atenderá a sua função social" (Brasil, 1988). Ou seja, caso uma propriedade não cumpra sua função social (seu aproveitamento racional e adequado; com a utilização adequada dos recursos naturais disponíveis e a preservação do meio ambiente; com a observância das disposições que regulam as relações de trabalho; e que favoreça o bem-estar dos proprietários e dos trabalhadores), o Estado pode intervir para garantir o cumprimento dos direitos fundamentais expressos na Constituição (moradia, saúde, educação, segurança, distribuição de renda etc.).

fundamentos (no plural) históricos. Por esse motivo, existem direitos que não sofrem concorrência, como o direito a não ser escravizado (art. IV) ou torturado (art. V). Mas há outros que são contestados por outros dentro de regimes legais de diferentes países democráticos, como o direito à liberdade de expressão (art. XIX), que concorre com leis locais de "direito de não ser escandalizado" ou de "atentado ao pudor". Outra questão apontada pelo filósofo italiano é a tensão entre as heranças liberais e socialistas da DUDH, expressa na antinomia dos direitos pessoais e sociais. Isso significa que a realização integral de um direito individual impede a realização integral de um direito social, e vice-versa.

Para Bobbio (2004), o fundamento absoluto é apenas uma desculpa para defender posições mais conservadoras. Por essa razão, para ele, o principal problema não seria mais a procura de uma base fundamental para os direitos humanos, mas sim a busca de sua efetivação prática pela adoção da DUDH por uma determinada comunidade. Os direitos humanos são tratados, dessa forma, não como um problema filosófico, mas sim como problema político: "O problema fundamental em relação aos direitos humanos não é o de justificá-los, mas o de protegê-los" (Bobbio, 2004, p. 23).

Por ser um problema político, a adoção da DUDH e a absorção dos seus artigos em leis e constituições fazem com que um sistema planejado para ser universal e justificado pelo fato de todos nascerem humanos seja efetivado somente como direitos do cidadão que faz parte de um Estado. Esse problema é inerente à própria ideia de Estado-Nação, cuja principal crítica vem da filósofa alemã Hannah Arendt e sua leitura sobre os direitos humanos. Para ela, existe um direito mais fundamental do qual dependem todos os outros direitos humanos e que a ONU não poderia garantir, que é o direito a ter direitos. E esse poder a Organização das Nações Unidas não possui. De acordo com Arendt (2013, p. 328), "o direito de ter direitos, ou o direito de cada indivíduo de pertencer à humanidade, deveria ser garantido pela própria humanidade", e não por um Estado.

Uma vez que os direitos humanos foram proclamados como universais, eles deveriam ser aplicados até para aqueles que não possuem nenhum direito civil ou político garantido por uma nação. Daí emerge uma outra tensão: soberania *versus* cosmopolitismo. Tomando o exemplo dado pela cientista política norte-americana Seyla Benhabib (2004, p. 69), mesmo que o art. XIV da DUDH reconheça o direito de pedido de asilo como um direito humano, a obrigação de concedê-lo continua sendo zelosamente guardada aos Estados como um privilégio soberano. Como ela explica, apesar dos consideráveis avanços do direito internacional na proteção do *status* dos apátridas, refugiados e asilados, há um conflito ainda não resolvido entre direitos humanos universais e reivindicações de soberania. Ou seja, haveria um paradoxo na afirmação de uma ordem internacional centrada não em um conceito amplo e político de humanidade, mas na noção de um Estado territorialmente limitado.

Diante dessas contradições inerentes à proposta de uma declaração internacional, você pode estar se questionando se, de fato, os direitos humanos apenas disfarçam relações de poder e exploração de uma elite financeira ou estatal sobre uma classe marginalizada, ou se, pelo contrário, eles geram demandas e transformações efetivas que contribuíram para a sedimentação da democracia e da melhoria da qualidade de vida das pessoas. A resposta a essa questão não é tão simples e, mesmo que não haja dúvidas sobre o caráter progressista dos direitos humanos, voltados à promoção de uma vida em comum mais digna e justa, isso não quer dizer que não devamos permanecer atentos para falhas ou abusos desse discurso. Como profissionais de comunicação, precisamos treinar sempre uma postura crítica.

Essa postura deve ser orientada para a observação das condições, dos meios e das situações envolvidas em tópicos relacionados aos direitos humanos. Isso significa buscar, em cada caso concreto, os fundamentos possíveis. A gramática dos direitos humanos é, acima de tudo, um instrumento para transformação de uma injustiça. Por isso, enquanto jornalistas, apenas mencionar a DUDH não basta. A fundamentação é um exercício sem fim de discussão e sensibilização para que uma injustiça seja percebida como tal.

Dentro do Estado Democrático de Direito – aquele que garante as liberdades civis, isto é, respeita os direitos humanos e as garantias fundamentais mediante estabelecimento de uma proteção jurídica –, a comunicação social tem um papel importante a desempenhar para a efetivação dos direitos humanos, seja por meio de denúncias e investigações, seja mediante o agendamento e a contextualização de questões voltadas aos direitos humanos, seja, ainda, por meio da checagem e do controle das instâncias estatais, sociais e econômicas. Acima de tudo, o papel dos profissionais de comunicação que quiserem lidar com questões humanitárias é o de criticamente apoiar os sistemas de promoção e defesa dos direitos humanos disponíveis, a fim de auxiliarem no seu aprimoramento. Como Lynn Hunt (2007, p. 213) nos lembra:

> O quadro de direitos humanos, com seus órgãos internacionais, tribunais internacionais e convenções internacionais, pode ser exasperante em sua lentidão em responder ou em repetida incapacidade de alcançar seus objetivos finais, mas não há melhor estrutura disponível para confrontar essas questões.

Esperamos, assim, que este capítulo tenha auxiliado na sua compreensão do que está em jogo quando se fala na formação e na fundamentação histórica e teórica dos direitos humanos. Recomendamos que você releia a DUDH – agora com outro entendimento sobre as tensões em jogo. Procure identificar os movimentos históricos e gerações de direitos em cada um dos artigos. Após esse sobrevoo histórico, convidamos você a um mergulho na questão da comunicação como um direito humano. Você já parou para pensar o que seria, de fato, liberdade de expressão? E de imprensa? São a mesma coisa? Nos encontramos, então, no próximo capítulo para discutirmos essas questões.

Para saber mais

COMPARATO, F. K. A afirmação histórica dos direitos humanos. 3. ed. São Paulo: Saraiva, 2003.

Trata-se de leitura obrigatória para quem quer acompanhar uma narrativa histórica mais detalhada sobre a formação dos direitos humanos para além do recorte histórico que discutimos aqui.

PIOVESAN, F. Temas de direitos humanos. 5. ed. São Paulo: Saraiva, 2012.

Esse livro aprofunda os estudos sobre a influência da Declaração Universal dos Direitos Humanos na Constituição de 1988.

Se você quer saber mais sobre o papel das mulheres na formação da Carta da ONU, sugiro o estudo pioneiro do *Centre for International Studies and Diplomacy* (CISD) da Universidade de Londres, liderado por Fatima Sator e Elise Luhr Dietrichson, que destaca a atuação da brasileira Bertha Lutz[13]. Ainda sobre a vida da cientista brasileira, há a biografia escrita por Rachel Soihet (2006), *O Feminismo Tático de Bertha Lutz*.

CLAPHAM, A. Human Rights: a Very Short Introduction. Oxford: Oxford University Press, 2007.
HUNT, L. Inventing Human Rights: a History. London/New York: W. W. Norton & Company, 2007.
MOYN, S. Human Rights and the Uses of History. London/New York: Verso, 2014.

Leia essas três obras (em inglês) para conhecer mais sobre os fundamentos teórico-filosóficos dos direitos humanos.

---

13 Mais informações em Soas (2016).

Síntese

Neste primeiro capítulo do livro, você pôde ver a discussão sobre a formação histórica e os fundamentos teóricos dos direitos humanos até a promulgação da DUDH. Também tomou conhecimento das diferentes gerações de direitos, ao lançarmos um olhar crítico sobre as tensões entre os princípios de jusnaturalismo e juspositivismo, de universalidade e contextualidade, do pensamento liberal e socialista. Você viu ainda uma reflexão sobre contradições e conquistas da gramática dos direitos humanos e também conheceu um pouco mais sobre a criação e o funcionamento da ONU e seus diversos organismos. Com isso, você obteve a base necessária sobre a qual serão desenvolvidos nossos próximos estudos a respeito da relação entre comunicação e os diretos fundamentais.

Questões para revisão

1. Sobre a formação da Organização das Nações Unidas (ONU), assinale a alternativa incorreta:

    a) A ONU foi fundada no mesmo ano em que terminou a Segunda Guerra Mundial, em 1945, com a promulgação da Carta das Nações Unidas, documento também conhecido como *Carta de São Francisco*.

    b) O termo *Nações Unidas* havia sido anteriormente empregado pelo governo norte-americano para descrever os Países Aliados da Segunda Guerra Mundial, que, em janeiro de 1942, assinaram um documento denominado *Declaração das Nações Unidas*.

c) Na sua fundação, foram definidos seis órgãos principais: a Assembleia Geral, o Conselho de Segurança, o Conselho Econômico e Social, a Corte Internacional de Justiça, o Secretariado e o Conselho de Tutela (este último teve suas atividades suspensas em 1994).

d) A Declaração Universal dos Direitos Humanos é o documento fundador da ONU, também conhecida como *Carta das Nações*.

2. O jurista tcheco-francês Karel Vasak (1983) propôs, no final da década de 1970, uma divisão geracional para história dos direitos humanos baseada no lema da Revolução Francesa ("liberdade, igualdade e fraternidade"). Sobre essa classificação, assinale V para as afirmativas verdadeiras e F para as falsas.

( ) Originários das lutas de classe durante a Revolução Industrial, os direitos civis e políticos referem-se à liberdade pessoal, de pensamento, de religião, de reunião e econômica (direitos civis) e à liberdade de associação partidária, de voto e de participar nas decisões políticas do Estado (direitos políticos).

( ) Os direitos econômicos, sociais e culturais surgiram com base no ideário socialista e operário da Revolução Industrial no século XIX.

( ) Os direitos de fraternidade e solidariedade entre os povos surgiram com a promulgação da DUDH.

( ) Essa divisão apresenta uma perspectiva crítica de formação dos direitos humanos.

3. Sobre a Declaração Universal dos Direitos Humanos (DUDH), assinale a afirmação incorreta:
   a) A DUDH é composta por trinta artigos universais e indivisíveis.
   b) O art. XIX afirma que: "Todo ser humano tem direito à liberdade de opinião e expressão; este direito inclui a liberdade de, sem interferência, ter opiniões e de procurar, receber e transmitir informações e ideias por quaisquer meios e independentemente de fronteiras".
   c) Na época de sua elaboração, não foram poucas as vozes discordantes que surgiram na pesquisa para a delimitação dos trinta artigos, como a de Mahatma Gandhi, que preferia uma Declaração de Deveres Humanos a uma Declaração de Direitos.
   d) Convencionalmente, a construção dos direitos humanos é apresentada com base em um arco histórico que vai das revoluções liberais e suas declarações de direitos dos cidadãos até a DUDH, em 1948.

4. Explique a diferença entre *direito* e *privilégio*.

5. De que maneira a polarização entre os regimes capitalista e socialista durante o século XX (representado, principalmente, pelo confronto entre Estados Unidos e URSS) foi refletida na elaboração da DUDH?

Questões para reflexão

1. Com base no que foi discutido neste capítulo, pondere o que seria uma narrativa crítica da história de formação dos direitos humanos. Quais seriam as particularidades dela em comparação a uma narrativa heroica da história de formação dos direitos humanos?

2. De acordo com Bobbio (1998), o principal problema dos direitos humanos não seria mais a procura de uma base fundamental, mas sim a busca de sua efetivação prática e concreta. Você concorda com o autor? Você acha que a DUDH precisa de um fundamento absoluto? Por quê?

3. De acordo com Benhabib (2004), apesar dos consideráveis avanços do direito internacional na proteção dos apátridas, refugiados e asilados, há um conflito ainda não resolvido entre direitos humanos universais e reivindicações de soberania nacional. Reflita sobre a tensão existente entre a DUDH e o conceito de Estado-Nação.

Capítulo
02

Jornalismo e os direitos humanos à comunicação

Conteúdos do capítulo:

- Formação histórica e fundamentação teórica dos direitos à comunicação.
- Liberdade de expressão.
- Liberdade de imprensa.
- Liberdade de acesso à informação.
- Desafios da implementação dos direitos à comunicação.

Após o estudo deste capítulo, você será capaz de:

1. diferenciar conceitualmente os direitos à liberdade de expressão e opinião, à liberdade de imprensa e à liberdade de acesso à informação;
2. compreender os desafios teóricos e práticos relacionados aos direitos à comunicação;
3. discorrer sobre os marcos legais de implementação dos direitos comunicacionais no Brasil;
4. dimensionar as conquistas e as faltas na busca pela efetivação dos direitos à comunicação.

> *"Todo ser humano tem direito à liberdade de opinião e expressão; esse direito inclui a liberdade de, sem interferência, ter opiniões e de procurar, receber e transmitir informações e ideias por quaisquer meios e independentemente de fronteiras". (DUDH, art. XIX)*

O artigo supracitado expressa o núcleo da relação entre comunicação, jornalismo e direitos humanos sedimentada com as conquistas civis e políticas da democracia moderna: de um lado, o direito à liberdade de expressão, do outro, a liberdade de difusão e recepção de opiniões. Ou seja, contemplam-se nesse artigo tanto a liberdade de imprensa quanto o direito de acesso à informação. Neste segundo capítulo, convidamos você a compreender as particularidades e os desafios dos elementos constitutivos daquilo que está agrupado aqui sob a expressão genérica *direitos humanos à comunicação*, ou seja, dos direitos à liberdade de expressão, opinião, imprensa, de reunião, à participação política, bem como o direito de acesso à informação e à representatividade na mídia[1].

Permaneçamos, por ora, na Declaração Universal dos Direitos Humanos (DUDH). Duas coisas chamam a atenção no art. XIX. Primeiro, que a liberdade de opinião e de difusão expressam a impossibilidade de absolutização de um direito humano, sobre a qual tratamos no capítulo anterior. A liberdade de expressão e a de publicização são sempre condicionais, sendo, inclusive, reguladas por outros artigos presentes no mesmo documento. Como exemplos, citemos o art. XII[2] e também o art. XXIX[3]. Conforme explica o cientista da comunicação especialista em direitos humanos Ibrahim Shaw (2012, p. 33), essa interdependência entre os diferentes artigos expressa um dilema, pois, enquanto reconhece a liberdade de expressão como necessária para proteger as pessoas de possíveis

---

1   A palavra *mídia* é entendida aqui como um termo genérico para designar não apenas os meios de comunicação enquanto técnicas e tecnologias, mas também como empresas (privadas, públicas ou estatais) vinculadas a um sistema de produção capitalista de informação e entretenimento.
2   "Ninguém será sujeito à interferência na sua vida privada, na sua família, no seu lar ou na sua correspondência, nem a ataque à sua honra e reputação. Todo ser humano tem direito à proteção da lei contra tais interferências ou ataques" (Nações Unidas Brasil, 1948).
3   "1. Todo ser humano tem deveres para com a comunidade, na qual o livre e pleno desenvolvimento de sua personalidade é possível; 2. No exercício de seus direitos e liberdades, todo ser humano estará sujeito apenas às limitações determinadas pela lei, exclusivamente com o fim de assegurar o devido reconhecimento e respeito dos direitos e liberdades de outrem e de satisfazer as justas exigências da moral, da ordem pública e do bem-estar de uma sociedade democrática; 3. Esses direitos e liberdades não podem, em hipótese alguma, ser exercidos contrariamente aos objetivos e princípios das Nações Unidas"(Nações Unidas Brasil, 1948).

excessos do Estado⁴, o Sistema da Organização das Nações Unidas (ONU) ao mesmo tempo reafirma que a liberdade de expressão também é passível de abusos e pode causar, em alguma medida, dano às pessoas. Desse dilema emergem questões sobre os limites de cerceamento de um direito por outro que afetam, diretamente, o poder de definir se alguma determinada expressão viola os direitos de outrem ou se o silenciamento dessa ideia ou opinião se torna um ato de censura.

É com base nesse problema que denúncias de censura são levantadas pela grande imprensa toda vez que surge alguma tentativa ou sugestão de fiscalização ou de normatização da prática jornalística advinda do Estado. E, com isso, chegamos à nossa segunda observação sobre o art. IX. Além do seu aspecto condicional, a comunicação como direito humano, apesar de não mencionada expressamente no texto da DUDH, pode ser apreendida tanto por seu sentido mais amplo, ou seja, vinculada a todas as formas de expressão e compartilhamento, quanto por seu aspecto medial, isto é, fazendo referência aos meios de comunicação, pois estes são os responsáveis por disponibilizar, receber e transmitir as opiniões e ideias humanas. Esse ponto normalmente é interpretado como o direito à liberdade de imprensa, por isso sua sinonímia com a liberdade de expressão ocorre com bastante frequência do ponto de vista jurídico.

---

4   Lembremo-nos aqui do que vimos no primeiro capítulo sobre as primeiras declarações de direitos e suas origens liberais, que partiam de uma delimitação do poder do Estado (absolutista) pela sociedade civil. Tal divisão entre Estado e indivíduo perdura até hoje, com este último ascendendo ao papel de empreendedor no binômio Estado/mercado.

Entretanto, como veremos no decorrer desse capítulo, o direito à liberdade de expressão e o direito à liberdade de imprensa não apenas têm uma história distinta, mas também significam, de uma perspectiva comunicacional, duas coisas diferentes, muito embora às vezes coincidam sobre um mesmo fenômeno. Um outro ponto também a ser observado é a diferença ou a transformação do discurso humanitário sobre essas duas liberdades e a passagem para a afirmação de um direito à comunicação, particularmente a partir da década de 1970. Ao contrário do que seria o direito à informação – ao seu acesso e à sua transmissão, como expressos no art. XIX da DUDH –, o direito à comunicação dependeria de participação ativa das pessoas nos processos midiáticos. Um direito que tem a ver com o acesso aos meios de comunicação e com a representatividade das diferenças entre os indivíduos que compõem uma determinada comunidade.

Enquanto a liberdade de expressão e a de imprensa foram recorrentes nas declarações históricas de direitos do cidadão, um olhar mais amplo sobre o direito pleno à comunicação – que depende particularmente de acesso a estruturas de produção e transmissão de informações – ainda espera por uma implementação. Comecemos este capítulo, então, com uma discussão das semelhanças e diferenças entre liberdade de imprensa e liberdade de expressão para, ao final, dedicarmo-nos a um breve estudo sobre o direito à comunicação e o problema dos monopólios midiáticos.

2.1 Panorama histórico dos direitos humanos ligados ao jornalismo

A liberdade de expressão e de opinião possui uma longa história, bem anterior aos instrumentos internacionais de direitos humanos surgidos na Modernidade, como as declarações de direitos das revoluções liberais e a DUDH. Já na democracia ateniense do século V a.C., por exemplo, existiam os fundamentos de *isegoria* – o princípio de liberdade e igualdade de fala e do direito de manifestação durante assembleia dos cidadãos, a Eclésia – e *isonomia* – o princípio de que todos são iguais perante a lei. Ou, ainda, na República romana da Antiguidade, também já existiam os conceitos de liberdade de religião, liberdade de expressão e o *ius gentium*, que garantia alguns direitos a peregrinos e estrangeiros.

Naturalmente, não se podia falar em liberdade de imprensa na Idade Antiga. A tipografia – fundamental para a produção de jornais e livros em larga escala – só surgiu após a invenção da prensa de tipos móveis por Johannes Gutenberg, por volta de 1439. Com a expansão da impressão nos séculos seguintes e a impressão crescente de jornais, a prensa – ou imprensa – tornou-se sinônimo de um novo meio de comunicação, designando já em meados do século XVIII a coletividade dos veículos jornalísticos e informativos.

É por esse motivo que a discussão moderna sobre liberdade de imprensa começou com a demanda pela liberdade de impressão.

Isso porque, até o final do século XVII, vigorava no Reino Unido uma lei de licenciamento – ou seja, para que se imprimisse qualquer coisa, era necessária aprovação do governo. Um marco na luta pela liberdade de expressão impressa foi o panfleto *Areopagítica*, escrito em 1644 pelo poeta inglês John Milton, autor do famoso poema épico *O Paraíso Perdido*. Em seu panfleto, dirigido ao parlamento inglês, Milton (2009) atacou a censura governamental criticando o sistema de licenciamento e argumentando pelo privilégio do aprendizado via leitura. Mesmo figurando entre as mais enfáticas e influentes defesas do direito à liberdade de expressão, o panfleto de Milton não obteve o efeito desejado. A censura prévia só viria a ser extinta mais de cinquenta anos depois pelo parlamento, posterior até mesmo à Carta de Direitos do Cidadão Inglês, de 1689, uma das referências na luta moderna pelos direitos humanos, mas que não havia feito menção alguma à liberdade de imprensa ou à liberdade de expressão.

Dos argumentos apresentados por John Milton (2009), permaneceram, por sua vez, as bases do que viria a ser constituído como direito à liberdade de expressão pelas revoluções liberais. Ou seja, como um direito multifacetado que inclui tanto o direito de expressar e disseminar informações e ideias como também o direito de buscá-las e recebê-las, como ficou cristalizado no art. XIX da DUDH.

Em sentido moderno, o primeiro país a adotar a liberdade de (im)prensa, no sentido de liberdade de opinião, foi a Suécia, com a Lei de Liberdade de Imprensa de 1766. Influenciada pelo pensamento iluminista, ela garantia aos cidadãos suecos o direito de publicar material escrito sem censura prévia (cujo autor poderia ser responsabilizado posteriormente no tribunal). A mesma lei ainda garantia o acesso público a documentos oficiais do governo, ou seja, ela também inaugurou a liberdade de acesso à informação como um direito constitucional. Entretanto, essa lei não durou muito, tendo sido modificada pelo rei Gustav III, que, em 1774, restringiu novamente o princípio de publicização na Suécia.

Em relação à história das declarações que fundamentaram a nossa atual gramática dos direitos humanos, foram várias as menções à liberdade de imprensa, de opinião e de acesso à informação. Para empreender um comentário sobre algumas diferenças sutis mas relevantes sobre essas liberdades, precisamos lançar ainda um breve olhar sobre as especificidades de alguns documentos históricos:

a) Declaração de Direitos de Virgínia (National Archives, 2020)

Escrita por George Mason e adotada pela Convenção Nacional de Virgínia de 12 de junho de 1776, essa declaração é vinculada ao processo de independência das treze colônias norte-americanas do império britânico, servindo, posteriormente, de base para o texto de independência norte-americano. O art. 12 da Declaração de Direitos de Virgínia afirma a importância da liberdade de prensa/imprensa como um dos principais princípios democráticos:

> Seção XII
> Que a liberdade de imprensa [*freedom of the press*] é um dos grandes baluartes da liberdade, não podendo ser restringida

jamais, a não ser por governos despóticos. (National Archives, 2020)⁵

b) Primeira Emenda à Constituição dos Estados Unidos da América (Cornell Law School, 2020)

Aprovada pelo Congresso em 1789 e ratificada pelos estados membros em 1791, a primeira emenda constitucional norte-americana é parte da Declaração dos Direitos Fundamentais dos Cidadãos dos Estados Unidos (*Bill of Rights*), composta inicialmente por dez emendas. Ela ampliou o texto da Declaração de Direitos de Virgínia, vinculando a liberdade de imprensa à liberdade de expressão (*freedom of speech*). Diz a primeira emenda:

> O Congresso não deverá fazer qualquer lei a respeito de um estabelecimento de religião, ou proibir o seu livre exercício; ou restringindo a liberdade de expressão [*freedom of speech*], ou da imprensa [*or of the press*]; ou o direito das pessoas de se reunirem pacificamente, e de fazerem pedidos ao governo para que sejam feitas reparações de queixas. (Cornell Law School, 2020, s.p.)

Pela primeira vez, temos em uma declaração a aproximação entre liberdade de fala ou de expressão de ideias e liberdade de imprensa. Com isso, dá-se margem ao entendimento de *imprensa*

---

5 Todas as traduções de citações de livros em línguas estrangeiras, quando não referenciadas as obras em português, são de nossa autoria.

como um espaço aberto que garante que todos os cidadãos publiquem opiniões e informações sem restrição pública. Como a Primeira Emenda não implica diretamente a responsabilização daqueles que expressam suas opiniões por aquilo que é publicado ou dito, ela pode passar uma impressão equivocada de que nada poderia restringir esses direitos – mesmo em casos em que ferissem o direito de outras pessoas. Portanto, é necessário lembrar que o sistema jurídico norte-americano é baseado no direito comum (*common law*), cujo fundamento está não na lei escrita, mas na jurisprudência e nos costumes, cuja análise e julgamento de casos concretos abre precedentes para casos futuros. Por isso, existem, sim, nos Estados Unidos, exceções à liberdade de opinião e publicização que não estão protegidas pela Primeira Emenda, particularmente em casos de violação de direitos legais de outras pessoas ou de interesses governamentais, como incitamento ao ódio, ameaças concretas a indivíduos ou à segurança nacional.

c) Declaração de Direitos do Homem e do Cidadão (USP, 2020)

Promulgada em 26 de agosto de 1789 pela Assembleia Nacional Constituinte na primeira fase da Revolução Francesa, o artigo que trata liberdade de opinião é uma síntese entre liberdade de expressão e de imprensa a partir dos preceitos libertários e liberais do Iluminismo:

> Artigo XI
> A livre comunicação das ideias e das opiniões é um dos mais preciosos direitos do homem. Todo cidadão pode, portanto, falar, escrever, imprimir livremente, respondendo, todavia, pelos abusos desta liberdade nos termos previstos na lei. (USP, 2020)

Esse texto inaugura a categoria do que poderíamos agrupar sob o conceito de "direitos à comunicação". Pela primeira vez, o termo *comunicação* aparece expressamente em uma Carta de Direitos – no original *"la libre communication des pensées et des opinions"*. A comunicação, portanto, assume uma forma coletiva para agrupar não apenas os direitos à liberdade de opinião e expressão, mas também os direitos à liberdade de publicação e publicização.

Deve-se ainda notar que, ao contrário do sistema jurídico norte-americano, baseado na *common law*, o direito francês é fundamentado em leis positivadas e codificadas. Por esse motivo, o artigo já ressalta o caráter condicional do direito à comunicação ao submetê-lo a leis capazes de prevenir abusos desse direito.

d) Pacto Internacional dos Direitos Civis e Políticos (Pacto..., 1966)

O Pacto Internacional dos Direitos Civis e Políticos (PIDCP), adotado pela XXI Sessão da Assembleia Geral das Nações Unidas, em 16 de dezembro de 1966, constitui a Carta Internacional dos Direitos Humanos da ONU, juntamente com o Pacto Internacional dos Direitos Econômicos, Sociais e Culturais (Pidesc), firmado na mesma sessão, e, claro, com a DUDH, de 1948. Ao contrário desta última, os pactos – que entraram em vigor em 1976, depois que um número suficiente de países os ratificou – possuem um caráter vinculativo, ou seja, os países signatários podem ser penalizados pelo direito internacional.

Perguntas & respostas

O que são acordos, pactos, tratados e convenções no âmbito das relações internacionais?

Protocolos, acordos, convênios, convenções, pactos e tratados são sinônimos sob a ótica do direito internacional. Eles descrevem um acordo multilateral que estabelece direitos e obrigações entre Estados soberanos e organizações internacionais. Por isso, são um dos instrumentos mais importantes do direito entre nações, já que determinam diretrizes, direitos e obrigações entre partes dispostas a cumpri-las, sob pena de suas violações.

Portanto, o objetivo dos pactos foi, com base em compromissos multilaterais, efetivar a política de direitos humanos nos países membros da ONU. O PIDCP foi apenas assinado pelo Brasil em 1992[6], pelo então presidente Fernando Collor de Melo, sob orientação do

---

6   Decreto disponível em: <http://www.planalto.gov.br/ccivil_03/decreto/1990-1994/d0592.htm> (Brasil, 1992a).

seu Ministro de Relações Exteriores Celso Lafer, cujos principais pontos já haviam sido absorvidos pela nossa Constituição de 1988. O Pacto descreve compromissos assumidos pelos países signatários com os direitos civis e políticos dos indivíduos, incluindo o direito à vida, os direitos eleitorais, os direitos a um processo legal apropriado e a um julgamento justo, bem como ao ponto que nos interessa aqui, a saber, os direitos à liberdade de publicação, de expressão e de opinião:

Artigo XIX

1. Ninguém pode ser discriminado por causa das suas opiniões.
2. Toda a pessoa tem direito à liberdade de expressão; este direito compreende a liberdade de procurar, receber e divulgar informações e ideias de toda a índole sem consideração de fronteiras, seja oralmente, por escrito, de forma impressa ou artística, ou por qualquer outro processo que escolher.
3. O exercício do direito previsto no parágrafo 2 deste artigo implica deveres e responsabilidades especiais. Por conseguinte, pode estar sujeito a certas restrições, expressamente previstas na lei, e que sejam necessárias para:
a) Assegurar o respeito pelos direitos e a reputação de outrem;
b) A proteção da segurança nacional, a ordem pública ou a saúde ou a moral públicas.

Artigo XX

Toda a propaganda a favor da guerra estará proibida por lei. Toda a apologia ao ódio nacional, racial ou religioso que constitua incitação à discriminação, à hostilidade ou à violência estará proibida por lei. (Pacto..., 1966)

Como podemos perceber, esses dois artigos do PIDCP desenvolvem o art. XIX da DUDH, cristalizando tanto os direitos à liberdade de opinião e imprensa e à informação como suas restrições. Mais adiante, poderemos perceber como todos esses pontos estão bem sedimentados em nossa Constituição Federal.

e) Pacto de São José da Costa Rica (Convenção..., 1969)

Antes, porém, de voltarmos nossas atenções à nossa Constituição vigente, ainda vale a pena ilustrar que, em setembro de 1992, dessa vez sob a presidência de Itamar Franco (Brasil, 1992b), o governo brasileiro assinou a Convenção Americana sobre Direitos Humanos, conhecida como *Pacto de São José da Costa Rica*, promulgado no âmbito da Organização dos Estados Americanos (OEA)[7], em 22 de novembro de 1969. No artigo que trata dos direitos à comunicação, o Pacto de São José é muito mais detalhado que seus predecessores, com diretrizes contra a censura prévia e suas exceções, bem como sobre abusos públicos e privados dos meios de comunicação em massa. Vejamos:

---

7 A página oficial da Organização dos Estados Americanos (OEA) está disponível em: http://www.oas.org/pt/ (acesso em: 7 fev. 2020).

Artigo XIII. Liberdade de pensamento e de expressão

1. Toda pessoa tem direito à liberdade de pensamento e de expressão. Esse direito compreende a liberdade de buscar, receber e difundir informações e ideias de toda natureza, sem consideração de fronteiras, verbalmente ou por escrito, ou em forma impressa ou artística, ou por qualquer outro processo de sua escolha.

2. O exercício do direito previsto no inciso precedente não pode estar sujeito a censura prévia, mas a responsabilidades ulteriores, que devem ser expressamente fixadas pela lei e ser necessárias para assegurar:

a. o respeito aos direitos ou à reputação das demais pessoas; ou b. a proteção da segurança nacional, da ordem pública, ou da saúde ou da moral públicas.

3. Não se pode restringir o direito de expressão por vias ou meios indiretos, tais como o abuso de controles oficiais ou particulares de papel de imprensa, de frequências radioelétricas ou de equipamentos e aparelhos usados na difusão de informação, nem por quaisquer outros meios destinados a obstar a comunicação e a circulação de ideias e opiniões.

4. A lei pode submeter os espetáculos públicos a censura prévia, com o objetivo exclusivo de regular o acesso a eles, para proteção moral da infância e da adolescência, sem prejuízo do disposto no inciso 2.

5. A lei deve proibir toda propaganda a favor da guerra, bem como toda apologia ao ódio nacional, racial ou religioso que constitua incitação à discriminação, à hostilidade, ao crime ou à violência. (Convenção..., 1969)

Perguntas & respostas

Mas, afinal, o que são a OEA e o Sistema Interamericano de Direitos Humanos?

Fundada três anos após a criação da ONU, a Organização dos Estados Americanos (OEA) é um órgão internacional multilateral constituído pelos 35 países da América que se comprometeram com a defesa dos interesses do continente, atuando em áreas como comércio e integração regional, questões ambientais, combate ao crime organizado e à corrupção, promoção da democracia representativa na região, erradicação da extrema pobreza, entre outras. Na Carta da Organização dos Estados Americanos, a OEA se define como um organismo regional orientado pelos princípios das Nações Unidas.

A Convenção Americana sobre Direitos Humanos, por sua vez, foi a pedra de toque para a instituição do Sistema Interamericano de Proteção dos Direitos Humanos, cujos principais órgãos são a Corte Interamericana de Direitos Humanos (criada em 1959 e com sede em San José, na Costa Rica) e a Comissão Interamericana de Direitos Humanos (criada em 1979, com sede em Washington, D.C.).

A Corte Interamericana de Direitos Humanos é um organismo autônomo da OEA que interpreta todos os tratados sobre direitos humanos cujos países americanos são signatários, com o poder não só consultivo, mas contencioso para proteger e promover os direitos humanos no continente. Os processos que correm na Corte não são contra indivíduos, mas contra nações. Contra o Brasil, por exemplo, até o início de 2019 tramitaram 10 processos pela Corte Interamericana.

A primeira condenação do Estado brasileiro por violações dos direitos humanos, proferido pela Corte em agosto de 2006, foi no caso de Damião Ximenes Lopes, que havia sido tratado em condições desumanas, espancado e assassinado em uma clínica psiquiátrica em Sobral, no Ceará, vinculada ao Sistema Único de Saúde (SUS). Por sua vez, o último processo contra o Brasil foi publicado no início de 2018, quando a Corte Interamericana decidiu que o Estado brasileiro foi negligente na investigação da tortura e morte do jornalista Vladimir Herzog, durante a Ditadura Militar em 1975, no DOI-Codi de São Paulo, após ter se apresentado para um suposto interrogatório.

f) **Constituição da República Federativa do Brasil de 1988 (Brasil, 1988)**[8]

Por fim, para concluirmos o panorama sobre textos históricos e a formação do direito à comunicação, chegamos à Constituição Federal Brasileira, promulgada em 5 de outubro de 1988 – quase um quarto de século depois de instaurada uma ditadura militar no país, um regime que restringiu todos os direitos de expressão, de opinião, de imprensa e de informação, particularmente após a emissão do Ato Institucional número 5 (AI-5), que determinou a censura prévia de obras artísticas, bem como da imprensa e de qualquer outro meio de comunicação.

---

8   Os capítulos I e V, relevantes para a discussão deste livro, estão disponibilizados na íntegra como Anexo 2 ao final deste livro.

A Constituição Federal é a base para as ações políticas de defesa e promoção dos direitos humanos no país e foi a pedra fundamental para o desenvolvimento de uma política nacional de direitos humanos a partir década de 1990 (os principais tratados internacionais sobre o tema foram assinados no início dessa década, após a eleição direta do primeiro presidente civil brasileiro depois do regime militar).

Não por acaso, o texto fundacional da Nova República foi nomeado pelo presidente da Assembleia Nacional Constituinte, Ulisses Guimarães, como a Constituição Cidadã, pois na elaboração dela foram incorporados os princípios mais importantes da gramática dos direitos humanos, formulada e desenvolvida particularmente após o fim da Segunda Guerra Mundial. Em nossa Constituição encontram-se detalhados não apenas os direitos relacionados à comunicação como expressão, acesso à informação e publicização, mas também diretamente a função social dos meios de comunicação. Antes de tratarmos dos desafios para implementação dos direitos à comunicação no país, convidamos você a ler com atenção a seguir alguns dos principais artigos e parágrafos da nossa Carta Magna sobre esse tema.

Título I. Dos princípios fundamentais
Art. 1º A República Federativa do Brasil, formada pela união indissolúvel dos Estados e Municípios e do Distrito Federal, constitui-se em Estado Democrático de Direito e tem como fundamentos:
I – a soberania;

II – a cidadania;

III – a dignidade da pessoa humana;

[...]

Art. 4º A República Federativa do Brasil rege-se nas suas relações internacionais pelos seguintes princípios:

I – independência nacional;

II – prevalência dos direitos humanos;

[...]

Título II. Dos direitos e garantias fundamentais

CAPÍTULO I. DOS DIREITOS E DEVERES INDIVIDUAIS E COLETIVOS

Art. 5º Todos são iguais perante a lei, sem distinção de qualquer natureza, garantindo-se aos brasileiros e aos estrangeiros residentes no país a inviolabilidade do direito à vida, à liberdade, à igualdade, à segurança e à propriedade, nos termos seguintes:

[...]

IV – é livre a manifestação do pensamento, sendo vedado o anonimato;

V – é assegurado o direito de resposta, proporcional ao agravo, além da indenização por dano material, moral ou à imagem;

[...]

X – são invioláveis a intimidade, a vida privada, a honra e a imagem das pessoas, assegurado o direito a indenização pelo dano material ou moral decorrente de sua violação;

[...]

XIII – é livre o exercício de qualquer trabalho, ofício ou profissão, atendidas as qualificações profissionais que a lei estabelecer;

XIV – é assegurado a todos o acesso à informação e resguardado o sigilo da fonte, quando necessário ao exercício profissional.

Título VIII. Da ordem social

CAPÍTULO V. DA COMUNICAÇÃO SOCIAL

Art. 220º. A manifestação do pensamento, a criação, a expressão e a informação, sob qualquer forma, processo ou veículo não sofrerão qualquer restrição, observado o disposto nesta Constituição.

§ 1º Nenhuma lei conterá dispositivo que possa constituir embaraço à plena liberdade de informação jornalística em qualquer veículo de comunicação social, observado o disposto no art. 5º, IV, V, X, XIII e XIV.

§ 2º É vedada toda e qualquer censura de natureza política, ideológica e artística.

§ 3º Compete à lei federal:

I – regular as diversões e espetáculos públicos, cabendo ao poder público informar sobre a natureza deles, as faixas etárias a que não se recomendem, locais e horários em que sua apresentação se mostre inadequada;

II – estabelecer os meios legais que garantam à pessoa e à família a possibilidade de se defenderem de programas ou programações de rádio e televisão que contrariem o disposto no art. 221, bem como da propaganda de produtos, práticas e serviços que possam ser nocivos à saúde e ao meio ambiente.

§ 4º A propaganda comercial de tabaco, bebidas alcoólicas, agrotóxicos, medicamentos e terapias estará sujeita a restrições legais, nos termos do inciso II do parágrafo anterior, e conterá, sempre que necessário, advertência sobre os malefícios decorrentes de seu uso.

§ 5º Os meios de comunicação social não podem, direta ou indiretamente, ser objeto de monopólio ou oligopólio.

§ 6º A publicação de veículo impresso de comunicação independe de licença de autoridade.

[...]. (Brasil, 1988)

Como é possível notar, a Constituição Federal traz as principais demandas históricas dos direitos humanos, inclusive aquelas abrigadas sob a noção de direitos à comunicação. Além da liberdade de expressão e opinião, faz uma referência direta à liberdade de informação e à proteção da fonte e do trabalho jornalístico. Tal fato ajuda a modelar o papel da imprensa nacional não como um fórum aberto de opiniões, o que estaria mais próximo da Constituição dos Estados Unidos, que garante a liberdade irrestrita para publicação de informações. Antes, a nossa liberdade de imprensa constitucional assegura o papel de um mediador privilegiado à imprensa, uma espécie de "cão de guarda" dos valores democráticos presentes na Constituição, que demandam, por isso, mecanismos constitucionais de defesa de sua independência e pluralidade.[9]

Em um importante capítulo da nossa Carta Magna, intitulado *Da comunicação social*, encontram-se distribuídas em seus cinco artigos (do 229 ao 224) as principais diretrizes que deveriam garantir o direito à comunicação no país, pois esse direito só se torna pleno

---

9   Para saber mais sobre as diferenças entre os papéis de "fórum de opiniões" e "cão de guarda privilegiado" da imprensa e suas implicações jurídicas, cf. Rytter (2014).

quando são observados (além das liberdades de opinião e imprensa e do direito à informação) os direitos de acesso e representatividade aos meios de comunicação, que só podem ser assegurados com a pluralidade dos veículos de expressão. Ou seja, além de garantir o direito individual de expressão e publicação de opiniões, é endossado o direito coletivo de representação e respeito mútuo dos diferentes grupos que formam um conjunto extremamente plural, chamado de *sociedade brasileira*.

Recomendamos que você reserve um momento para ler a nossa **Constituição usando as lentes recebidas até aqui**. Perceba como ela conseguiu reunir as principais conquistas históricas sobre liberdade de expressão e de imprensa das Declarações de Direitos precedentes, alinhando o país com as recomendações da ONU e produzindo, assim, um fundamento para um modelo nacional capaz de defender os valores necessários para o crescimento de uma democracia estável e em consonância com o respeito à dignidade humana.

Com isso, o maior problema da Constituição Cidadã não estaria, em princípio, nela mesma (ou seja, naquilo que está cristalizado em suas linhas), mas na sua defesa e na sua efetivação. Mesmo após mais de trinta anos, ela ainda sofre com a falta de regulação de muitos dos seus artigos, o que abre brechas para políticas públicas que a negam em seus princípios mais fundamentais. Nos próximos tópicos, vamos discutir alguns desses problemas de regulamentação para a efetivação dos direitos à comunicação no país, na medida em que aprofundamos o debate sobre as diferenças entre as liberdades de opinião, imprensa e informação.

2.2 Desafios constitucionais dos direitos à comunicação no Brasil

Como nos lembra o pesquisador Venício de Lima (2011) em um dos seus estudos sobre o desenvolvimento da legislação brasileira para a regulação da comunicação social, a escrita do Capítulo V durante a Assembleia Constituinte nos anos de 1987/1988[10] sofreu uma enorme pressão de empresários ligados aos conglomerados midiáticos no Brasil.

Exemplo disso é o art. 223, que versa sobre a concessão e a renovação de canais de radiodifusão no país e a maneira como elas deveriam observar a complementaridade dos sistemas público, privado e estatal. O referido artigo determina o prazo de dez anos de permissão de funcionamento para emissoras de rádio e quinze anos para emissoras de televisão. Entretanto, no parágrafo 2º ele afirma que uma concessão só não poderá ser renovada com a aprovação de, no mínimo, dois quintos do Congresso Nacional em votação nominal, o que, portanto, dificulta bastante a revogação – isso sem falar que a distribuição de emissoras, sem licitação, para políticos e outras organizações, como igrejas, havia se tornado corrente entre

---

10 Para um relato das discussões políticas sobre o direito à comunicação na Assembleia Constituinte, cf. Napolitano (2014).

os presidentes da república. À época da Constituinte, por exemplo, o então presidente José Sarney distribuíra 958 emissoras. Antes dele, o último presidente da ditadura militar, João Figueiredo, havia feito 634 concessões. Tempos depois, em seus mais de sete anos de governo, o ex-presidente Fernando Henrique Cardoso havia concedido, dessa vez por licitação, 539 emissoras comerciais e autorizado 357 concessões educativas (sem licitação) (Lobato, 2002).

A falta de regulamentação do Capítulo V da Constituição também é sentida pela total desconsideração do seu art. 221, que estabelece três princípios para a produção e a programação de material midiático no país que deveriam ser observados na concessão e na renovação de canais radiodifusores. São eles:

1. preferência a finalidades educativas, artísticas, culturais e informativas;
2. promoção da cultura nacional e regional e estímulo à produção independente que objetive sua divulgação;
3. regionalização da produção cultural, artística e jornalística, conforme percentuais estabelecidos em lei.

Além do entretenimento ser o principal campo de produção da mídia eletrônica no Brasil, em detrimento da finalidade artístico-cultural, educacional e informativa determinada pela Constituição, ainda há o problema da falta de estímulos às produções locais e à representatividade das diversidades culturais e regionais do país. A Constituição foi elaborada por um espírito progressista, atendendo demandas históricas de discussões sobre os direitos humanos fundamentais, mas, por falta de regulamentação, ela não conseguiu equilibrar os princípios de igualdade e liberdade na mídia nacional. Como veremos no próximo capítulo, não foram poucas as empresas de comunicação que incorporaram a violação dos princípios dos direitos humanos às suas programações diárias. Esse cenário só não é pior graças à regulamentação da programação das TVs por assinatura[11] – a Lei n. 12.485, de 12 de setembro de 2011 (Brasil, 2011a), sancionada pela então presidenta Dilma Rousseff, regulou a participação de produções audiovisuais regionais para a promoção da diversidade comunicacional no país e determinou que canais que exibem filmes, séries e documentários devem oferecer mais de três horas semanais de produtos audiovisuais brasileiros.

Entretanto, quando se trata de regulamentação dos direitos à comunicação no país, volta-se sempre à tensão entre a garantia das liberdades individuais e a promoção da igualdade, como podemos observar pela quantidade de Ações Diretas de Inconstitucionalidade (ADIs)[12] impetradas contra a regulação das tevês por assinatura. Elas são um sintoma frequente de reação das empresas de comunicação no Brasil a qualquer tentativa de regulamentação do setor. Seus argumentos são baseados em tópicos variados, como a ofensa aos princípios da livre-iniciativa e da livre concorrência, ao direito do consumidor, ao direito de propriedade intelectual e, principalmente, à liberdade de expressão.

- - - - -

11   Para saber mais sobre as políticas nacionais de comunicação, particularmente sobre a legislação da TV à cabo no país antes dessa legislação, cf. Bolaño (2014).
12   Citamos, por exemplo, a ADI n. 4679, proposta pelo partido Democratas (DEM), a ADI n. 4756, da Associação Brasileira de Radiodifusores (ABRA), a ADI n. 4747, da NEOTV, a ADI n. 4923, da Associação das TVs em UHF, e a ADI n. 4703, da Associação dos Canais Comunitários.

O problema é que, nesse ponto, confundem-se três princípios diferentes, dos quais tratamos, de forma breve, anteriormente. Vamos relembrá-los: a liberdade de expressão (direito garantido à pessoa), a liberdade de imprensa (condição de liberdade social) e a liberdade "empresarial" ou social de tornar público o que se considera informação jornalística ou entretenimento.

A diferenciação entre esses princípios é essencial, pois a liberdade de imprensa e sua capacidade de servir ao seu papel democrático podem ser ameaçadas não apenas pelo abuso de poder do Estado, como mais comumente se afirma, mas também pelo poder privado, com base em uma dinâmica do mercado que desrespeite aspectos fundamentais dos direitos humanos. Daí a necessidade de se criar instrumentos legais que assegurem o equilíbrio das forças envolvidas para que os direitos à comunicação sejam preservados.

Por esse motivo, a promoção dos direitos à comunicação deve se guiar pela defesa das liberdades de expressão, de imprensa e de informação diante dos interesses dos grandes conglomerados empresariais, já que a democracia moderna depende de um modelo plural e descentrado de imprensa para que sejam dadas vozes aos diferentes grupos que compõem determinada comunidade nacional.

Não por acaso, a Constituição de 1988, no art. 220, parágrafo 5°, proíbe expressamente os monopólios midiáticos. Você deve estar se perguntando como isso é possível, já que poucos grupos empresariais detêm quase a totalidade dos veículos de comunicação no país. De acordo com estudos de Lima (2011, p. 104), por exemplo, cerca de oito grupos familiares controlavam o setor de rádio e televisão no Brasil. Como o próprio pesquisador relata em um outro livro escrito com Sérgio Capparelli (Capparelli; Lima, 2004), esses seis grupos (para citarmos apenas alguns exemplos) chegam a dominar 80% de toda a produção midiática no país:

- O Grupo Globo, da família Marinho – que detém cerca de 223 veículos próprios ou afiliados; o portal de internet Globo.com; a NET (operadora e distribuidora de TV a cabo); a Globosat (produtora de programas para a TV paga); a Globofilmes (produtora e distribuidora de cinema); e mais de 30% das emissoras de rádio FM e AM, incluindo a rede CBN.
- O conglomerado midiático liderado pela Igreja Universal do Reino de Deus e seu líder fundador, Edir Macedo – proprietário da TV Record, da Record News, do portal R7 e das emissoras Rede Mulher e Rede Família.
- A família Abravanel, de Sílvio Santos – proprietária do SBT.
- A família Frias – proprietária do jornal *Folha de S.Paulo*, do instituto DataFolha, do portal UOL e da Agência Folha.
- A família Saad – proprietária da Rede Bandeirantes e das emissoras da Rádio Bandeirantes AM e FM.
- A família Mesquita – proprietária dos jornais *O Estado de S.Paulo* e *Jornal da Tarde*, da Rádio Eldorado FM e da Agência Estado.

O fato é que, mesmo depois da promulgação da Lei Geral das Telecomunicações – Lei n. 9.472, de 16 de julho de 1997 (Brasil, 1997) –, no governo de Fernando Henrique Cardoso, as regras do sistema audiovisual brasileiro continuam sendo ditadas pelas próprias empresas de mídia. De acordo com o teórico da comunicação política César Bolaño (2014), em sua análise sobre as políticas de comunicação no Brasil, inexistem ainda no país regras antimonopolistas. Assim, a falta de um combate à concentração e à propriedade cruzada dos meios de comunicação favorece as oligarquias e a constituição de verdadeiros impérios midiáticos que determinam o debate público, privatizando-o de acordo com seus interesses. Tal característica tende não só a excluir boa parte da população do debate público, mas também de esta se ver representada e de ter sua opinião expressa nesses veículos. A oligopolização da mídia é nociva ao espírito democrático liberal e social que forjou a DUDH.

O empecilho dos monopólios midiáticos para a efetivação dos direitos à comunicação já havia sido denunciado pelo próprio Sistema da ONU desde o final da década de 1970. A Unesco, por exemplo, havia criado, em 1976, a Comissão Internacional para o Estudos dos Problemas da Comunicação, presidida pelo político irlandês Séan MacBride e composta por mais quinze membros de diversos países (a América Latina foi representada pelo escritor colombiano Gabriel García Marques e pelo diplomata chileno Juan Somavía). Como resultado dos trabalhos dessa comissão, a Unesco publicou, em 1980, o relatório *Many Voices, One World: Towards a New, More Just and Efficient World Information and Communication Order* (em português, *Muitas vozes, um mundo: por uma nova ordem mundial da informação e da comunicação mais justa e mais eficiente*)[13], também conhecido como *Relatório MacBride*, que buscava definir qual seria o papel dos meios de comunicação para a promoção de uma sociedade mais digna, fraterna, livre e igualitária.

13   O original, em inglês, pode ser lido em Macbride (1980).

O Relatório MacBride propunha uma alternativa ao modelo do fluxo livre de informações, que rechaçava qualquer forma de regulamentação governamental dos meios de comunicação (ou seja, estes deveriam ser geridos apenas pelo mercado). Esse paradigma foi amplamente defendido pelo governo norte-americano e pelas nações europeias que dominavam o mercado internacional de informações. De acordo com o relatório, apenas quatro agências de notícias controlavam cerca de 80% do fluxo global de informações na década de 1970. Por isso, foi apresentada a Nova Ordem da Informação e da Comunicação (Nomic), posteriormente abraçada por grupos e movimentos de luta por direitos humanos, particularmente na América Latina[14].

Seu principal desafio não foi apenas o de relatar o desequilíbrio midiático entre produtores e consumidores de conteúdo, mas principalmente de infraestrutura, em um quadro onde 90% do espectro radioelétrico, a quase totalidade dos satélites em órbita na Terra e dos cabos transoceânicos de transmissão de informações eram controlados por um pequeno número de países desenvolvidos. Como é detalhado no relatório, o fato de que os países em desenvolvimento consomem uma grande quantidade de conteúdo produzido por um punhado de países dominantes traz efeitos significativos para a capacidade da população desses países em se informar sobre as realidades locais.

14   Para mais detalhes sobre a Nomic e seu papel nos estudos brasileiros de comunicação, cf. Neotti (1986).

Mesmo sendo considerado um marco da luta internacional pelo direito à democratização via quebra dos monopólios de conglomerados midiáticos de países do hemisfério norte, o projeto da Nomic, entretanto, foi perdendo espaço para uma desregulamentação crescente do setor, particularmente após a quebra do mundo soviético e do avanço do neoliberalismo como a única forma político-econômica para as democracias globalizadas. Em 1983, por exemplo, à época da crítica do Relatório MacBride ao monopólio midiático nos Estados Unidos, o setor era dominado no país por 50 empresas. Hoje, apenas cerca de dez grupos dominam a maior parte do mercado global de informação e entretenimento, entre eles a Disney, a Time Warner, a Sony e a PolyGram[15].

Mas, voltando ao Brasil, a desregulada concentração midiática do país poderia ser ainda contrabalanceada se o último artigo da Constituição de 1988 sobre a comunicação social fosse efetivamente implementado. O art. 224 da Constituição Federal diz que o Congresso Nacional deveria instituir o Conselho de Comunicação Social (CCS), o que de fato ocorreu, tendo sido regulamentado pela Lei n. 8.389, de 30 de dezembro de 1991 (Brasil, 1991), e instalado apenas em 2002, quando treze membros titulares foram

---

15 Para saber mais sobre a formação dos conglomerados midiáticos globais e nacionais, cf. Roso e Guareschi (2007).

empossados com mandato de dois anos[16]. Mas, ao contrário do Conselho Federal de Medicina (CFM), por exemplo, o CCS é apenas um órgão consultivo do Congresso Nacional, ou seja, não tem caráter prescritivo ou punitivo, o que atrapalha seu potencial de atuação para a melhoria do sistema de comunicação nacional, principalmente no que tange à promoção e à defesa dos valores fundamentais dos direitos humanos não apenas dispostos em declarações, tratados e convenções, mas expressos de forma clara e direta em nossa Constituição Cidadã. Um outro grande empecilho à sua efetivação é que o CSS toca em

Uma das principais dificuldades que enfrentamos ainda é a forma com que empresas de comunicação abusam dos fundamentos democráticos da liberdade de expressão e de imprensa para impor interesses particulares de expansão e monopólio de mercado, em detrimento dos próprios direitos à comunicação.

16 Entre as atribuições do CCS está a realização de estudos, pareceres, recomendações e outras solicitações que lhe forem encaminhadas pelo Congresso Nacional a respeito do Título VIII, Capítulo V, da Constituição Federal, em especial sobre: a) liberdade de manifestação do pensamento, da criação, da expressão e da informação; b) propaganda comercial de tabaco, bebidas alcoólicas, agrotóxicos, medicamentos e terapias nos meios de comunicação social; c) diversões e espetáculos públicos; d) produção e programação das emissoras de rádio e televisão; e) monopólio ou oligopólio dos meios de comunicação social; f) finalidades educativas, artísticas, culturais e informativas da programação das emissoras de rádio e televisão; g) promoção da cultura nacional e regional e estímulo à produção independente e à regionalização da produção cultural, artística e jornalística; h) complementaridade dos sistemas privado, público e estatal de radiodifusão; i) defesa da pessoa e da família de programas ou programações de rádio e televisão que contrariem o disposto na Constituição Federal; j) propriedade de empresa jornalística e de radiodifusão sonora e de sons e imagens; l) outorga e renovação de concessão, permissão e autorização de serviços de radiodifusão sonora e de sons e imagens; m) legislação complementar quanto aos dispositivos constitucionais que se referem à comunicação social. Além disso, em razão da criação de Empresa Brasileira de Comunicação (EBC), a Lei 11.652, de 7 de abril de 2008 (Lei da EBC), diz em seu art. 17 que o Conselho Curador da empresa de radiodifusão pública deve encaminhar ao CCS as deliberações tomadas em cada reunião.

questões de regulação dos meios de comunicação, cujos proprietários são, em grande medida, os próprios parlamentares do Congresso Nacional[17].

Com base no que discutimos até aqui, você também considera que ainda temos de percorrer um longo caminho para a implementação do amplo espectro dos direitos comunicacionais no país?

Uma das principais dificuldades que enfrentamos ainda é a forma com que empresas de comunicação abusam dos fundamentos democráticos da liberdade de expressão e de imprensa para impor interesses particulares de expansão e monopólio de mercado, em detrimento dos próprios direitos à comunicação. Antes de terminarmos este capítulo, gostaríamos de retomar a diferenciação desse conflito ou abuso conceitual para discutir em que medida a "privatização" do direito à liberdade de expressão mina a própria possibilidade de efetivação dos direitos à comunicação.

2.3
Comunicação como direito humano: tensões e perspectivas jornalísticas

Os direitos à comunicação são fundamentais, pois expressam as condições essenciais da vida em comum com outras pessoas e também a possibilidade de transformação dessa mesma vida. Como vimos, eles remontam aos ideais iluministas, tendo sido consagrados como constitutivos da prática democrática, também almejada

---

17   Para uma abordagem crítica e histórica da criação e do funcionamento do CCS, cf. Lima (2011).

no Brasil, ao menos desde a promulgação da nossa Constituição Cidadã em 1988. Mas, para além ou aquém das classes de direitos individuais ou sociais cristalizados nas duas primeiras gerações de direitos humanos, os direitos à comunicação também pertencem a uma outra categoria de direitos – uma classe de demandas que só pode existir no espaço compartilhado entre os seres humanos. São direitos conformados pelo e para o espaço público: um domínio que se nega a qualquer tentativa de apropriação individual ou de um grupo específico, na mesma medida em que se exige a responsabilidade do que é posto em comum por qualquer um que toma parte nesse espaço. Como uma espécie de "pele" dos regimes democráticos, é no espaço público que se percebem e se tornam visíveis os direitos humanos, suas demandas, conquistas e violações. Por isso, pensar a relação entre comunicação e direitos humanos significa refletir não apenas sobre como os temas relacionados aos direitos fundamentais são tratados – ou destratados – pelos meios de comunicação, mas também implica uma reflexão sobre os direitos que garantem as condições de possibilidade de existência dos próprios regimes comunicacionais e sua pluralidade.

Com isso em mente, é notável que as liberdades que compõem os direitos à comunicação são marcadas por uma tensão indissolúvel entre as dimensões públicas e privadas da vida social. **Desconsiderá-la pode ser fatal para a efetivação desses direitos.** Para ilustrar esse ponto, vamos revisar os três direitos comunicacionais básicos.

∴ Direito à liberdade de expressão e opinião

Um ordenamento social democrático só pode ser garantido se o indivíduo puder expressar seus pensamentos sobre o mundo sem medo de repressão estatal ou privada. Mesmo assim, essa liberdade de opinião não é uma via de mão única. Ela é uma liberdade relacional e, mais ainda, uma liberdade que coloca tudo em relação. Como defende o filósofo francês Claude Lefort, a liberdade de expressão não privatiza a opinião, pelo contrário: "Como todos adquirem o direito de se dirigir aos outros e ouvi-los, um espaço simbólico é estabelecido; não tem fronteiras definidas e nenhuma autoridade pode alegar controlá-lo ou decidir o que pode e o que não pode ser pensado. O que pode e o que não pode ser dito" (Lefort, 1988, p. 33). Ou seja, antes de ser um direito individual, a liberdade de opinião é um direito comunicacional, pois seria a própria condição para a criação de um espaço público onde atuam todas as formas e meios de comunicação.

> É por meio da visualidade fornecida pelo espaço público que ações podem ser tomadas contra as violações dos direitos fundamentais e dos princípios democráticos. Por essa razão, tudo pode ser dito, mas nem tudo pode ser permitido em nome da liberdade de opinião.

Não podemos esquecer que, etimologicamente, *comunicar* significar *com-partilhar*, colocar em comum. A comunicação implica, em última instância, um processo de desapropriação, de desindividualização, de desprivatização. E é justamente por isso que a liberdade de expressão consegue atuar na proteção da individualidade e da dignidade humana: é uma questão de prevenir condições sociais nas quais a desumanização de pessoas com opiniões contrárias faça com que elas sejam objetificadas, perseguidas, exterminadas (como ocorreu na Alemanha nazista). Por ser um direito comum a todos, qualquer tentativa de censura à liberdade de expressão deve ser censurada. Isso pode soar como um paradoxo, mas é apenas no espaço visível da publicização e do debate público que os indivíduos e as organizações podem ser responsabilizados por aquilo que expressam. É por meio da visualidade fornecida pelo espaço público que ações podem ser tomadas contra as violações dos direitos fundamentais e dos princípios democráticos. Por essa razão, tudo pode ser dito, mas nem tudo pode ser permitido em nome da liberdade de opinião.

O problema é que, hoje, as violações à liberdade de expressão e de opinião são muito mais estruturais: seja pela falta de possibilidades de participação efetiva na vida democrática de um país; seja pela imagem diária distorcida do mundo e do país estampada nos jornais em razão de pressões de patrocinadores, condições de trabalho, concorrência e linhas político-ideológicas; seja por inexistência da participação das pessoas nos processos de produção midiática; seja pela conformação excludente das cidades e do acesso aos seus serviços; seja, ainda, pela vigilância (digital ou não) das pessoas tanto pelo estado quanto pela iniciativa privada etc.

∴ Direito à informação

Com base no exposto no tópico anterior, o direito à informação deve ser entendido como uma extensão do direito à liberdade de expressão. Sem ele, faltam instrumentos sociais e individuais necessários para a identificação da violação dos direitos humanos, inclusive do próprio direito de liberdade de opinião. É curioso perceber como a defesa de sua imprescindibilidade é recente. Como vimos, suas origens remontam à lei sueca sobre a liberdade de imprensa de 1766, mas sua efetivação nas democracias modernas começou a se espalhar apenas nos anos de 1960, após mobilizações sociais por direitos fundamentais. Podemos citar, por exemplo, a Lei de Liberdade de Informação (Foia) promulgada em 1966 graças aos movimentos por direitos civis nos Estados Unidos, que permitiu o acesso a documentos oficiais, desde que não fossem confidenciais e que não ameaçassem a segurança nacional. A partir dos anos 1970, leis de liberdade de informação brotaram em diversos países europeus, como a Dinamarca e a Noruega (1970), seguidos da França (1978) e da Bélgica (1994).

No Brasil, o direito fundamental de acesso à informação foi garantido pela Constituição Federal de 1988 no art. 5.º, inciso XXXIII, de acordo com o princípio da publicidade da informação pública. Após a aprovação da Lei n. 12.527 de 18 de novembro de 2011 (Brasil, 2011b), a Lei de Acesso à Informação (LAI) foi regulamentada pelo Decreto n. 7.724, de 16 de maio de 2012 (Brasil, 2012), pela então presidenta Dilma Rousseff[18]. O objetivo do direito à informação é, sobretudo, garantir o controle e a transparência das atividades de um Estado ou governo pela sociedade civil, tornando-se um instrumento fundamental para a legitimidade da ação e da efetivação de um Estado democrático. Ele possibilita que qualquer pessoa tenha acesso a informações públicas de qualquer um dos três Poderes da União – federal, estadual ou municipal –, autarquias, empresas de economia mista e entidades privadas que recebam recursos públicos sem a necessidade de apresentar algum motivo. Vejamos um trecho da LAI:

> Art. 3º Os procedimentos previstos nesta Lei destinam-se a assegurar o direito fundamental de acesso à informação e devem ser executados em conformidade com os princípios básicos da administração pública e com as seguintes diretrizes:
> I – observância da publicidade como preceito geral e do sigilo como exceção;
> II – divulgação de informações de interesse público, independentemente de solicitações;

---

18 No final de janeiro de 2019, o então vice-presidente da República, Hamilton Mourão, assinou o Decreto n. 9.690/2019, que alterou as regras de aplicação da LAI determinadas pelo Decreto assinado pela ex-presidenta Dilma Rousseff (uma das legislações mais avançadas sobre o tema), ampliando o grupo de agentes públicos autorizados a colocar informações públicas em regime de sigilo ultrassecreto (que só se tornam públicas depois de 25 anos, renováveis por mais 25) e secreto (publicizados depois de 15 anos). Anteriormente, apenas o presidente, seu vice e ministros, comandantes das Forças Armadas e chefes de missões diplomáticas e consulares podiam classificar informações como ultrassecretas. O decreto recebeu diversas críticas de organizações da sociedade civil, não apenas por ser prejudicial aos direitos à comunicação, mas também por não ter sido debatido com a sociedade.

III – utilização de meios de comunicação viabilizados pela tecnologia da informação;

IV – fomento ao desenvolvimento da cultura de transparência na administração pública;

V – desenvolvimento do controle social da administração pública. (Brasil, 2011b)

Como podemos perceber pela leitura desse artigo, a LAI é um instrumento fundamental não apenas para o exercício do jornalismo, da mobilização social e da pesquisa acadêmica, mas também para o combate à corrupção estatal. Por essa razão, todo governo autoritário toma medidas para atrapalhar o acesso a documentos oficiais, sob o argumento de que dizem respeito à soberania nacional – mesmo que eles ajam contra os interesses de seus próprios cidadãos.

O direito de acesso à informação também abrange o direito de acesso a fontes diversas de notícias e de formação, que deem conta da pluralidade da vida em comum e que sejam apuradas por empresas e instituições livres de coerções.

∴ Direito à liberdade de imprensa

Com base no exposto até aqui, chegamos ao terceiro desdobramento do direito à comunicação: o direito à liberdade de imprensa. Considerado um direito fundamental, ao menos desde a promulgação da Carta de Direitos dos Estados Unidos, sua importância pode ser ilustrada com uma frase atribuída a James Madison, o quarto presidente norte-americano e responsável pela elaboração do *Bill of Rights*, quando ele afirmou que um governo democrático sem uma imprensa controlada pelo povo seria o prelúdio de uma farsa. Por que, então, uma democracia sem uma imprensa livre seria uma farsa? Porque o próprio regime democrático só pode ser efetivamente garantido pela constante mediação dos interesses de diferentes grupos e indivíduos que constituem determinada sociedade. E quem garante não só essa mediação mas a própria existência dessa mediação (entre grupos e indivíduos bem informados sobre suas demandas e consequências) é a imprensa. Em uma democracia, a imprensa deve desempenhar papéis de mediação, fiscalização e equilíbrio entre o Estado e a sociedade civil.

Assim como os demais direitos à comunicação, é atribuída à liberdade de imprensa também o paradoxo de se mover entre o direito privado (ou individual) e o direito público (ou comum). Quando apenas os interesses dos donos das empresas de comunicação são levados em consideração, fere-se a dimensão pública do jornalismo e dos meios e comunicação em geral. Não se trata, aqui, da ilusão da imparcialidade jornalística, mas da possibilidade de responsabilização da imprensa quando ela fere princípios fundamentais. Liberdade de imprensa significa, também, o compromisso com a circulação da diversidade e da pluralidade das ideias existentes na sociedade e, ao mesmo tempo, com a abertura ao espaço público de visibilidades no qual as informações são chamadas à responsabilidade de seus efeitos. E qualquer empresa de mídia deveria estar sujeita a sanções caso suas ações atuem de forma contrária ao princípio da comunicação (expressão, transparência, acesso). Por esse motivo é que a universalidade da liberdade de expressão não anula a possibilidade de regulamentação do mercado de mídia – que, para melhor representatividade de diferentes grupos de interesse, deveria ser baseado na complementaridade dos sistemas público, privado e estatal.

Outros direitos importantes

Outros direitos fundamentais que não devem ser esquecidos na composição do quadro dos direitos à comunicação são o direito à liberdade de reunião e associação e o direito à participação direta ou indireta nos rumos de um governo. Eles são afirmados pelos arts. 20 e 21 da DUDH e garantidos no Título II – Dos Direitos e Garantias Fundamentais da nossa Constituição Federal. Dentro da concepção da comunicação como o ato de tornar algo público e comum a todos, essas duas garantias são as condições para o espaço de encontro necessário para a partilha comum inerente aos processos comunicacionais.

Assim, para além do direito individual, os direitos à comunicação são direitos comuns, no sentido de que eles transcendem interesses privados, já que só existem e podem ser praticados no espaço aberto pelo encontro entre seres humanos. Por essa razão, eles não são particulares, individuais, nem pertencem a um grupo específico, mas à comunidade humana. São direitos fundamentais que permitem a própria discussão e promoção de todos os direitos humanos. São direitos inalienáveis, relacionais e contextuais.

Assim, em um Estado Democrático de Direito – ou seja, aquele que garante as liberdades civis e respeita os direitos humanos e as garantias fundamentais pelo estabelecimento de uma proteção jurídica –, a comunicação social tem um papel importante a desempenhar para a efetivação dele, seja por meio de denúncias e investigações, seja mediante o agendamento (Mccombs; Shaw, 1972) e a contextualização de questões voltadas aos direitos humanos, seja ainda mediante a checagem e o controle das instâncias estatais, sociais e econômicas. Por esse motivo, os direitos à comunicação são uma espécie de indicadores sobre o estado da democracia de um determinado país.

É com base nesse quadro teórico e histórico sobre o desenvolvimento de uma gramática dos direitos humanos e da emergência dos chamados *direitos à comunicação* que vamos discutir, no próximo capítulo, como a imprensa atua como agente não apenas de difusão e defesa, mas de violação dos direitos fundamentais. Se até agora trilhamos o primeiro caminho de entendimento da relação entre comunicação e direitos humanos, ou seja, sobre a comunicação como um direito humano, passamos então ao papel da comunicação (apreendida então como o conjunto dos veículos e das linguagens de informação e entretenimento) no tratamento dos temas associados aos direitos humanos.

> Os direitos à comunicação são uma espécie de indicadores sobre o estado da democracia de um determinado país.

Para saber mais

BOLAÑO, C. R. S. Qual a lógica das políticas de comunicação no Brasil? São Paulo: Paulus, 2014.

Leia livro para melhorar seus conhecimentos sobre as políticas nacionais de comunicação, com análises sobre a legislação da TV à cabo no país e a influência dos conglomerados midiáticos brasileiros.

GUARESCHI, P. A. O direito humano à comunicação: pela democratização da mídia. Petrópolis: Vozes, 2013.

Leia esse livro para conhecer uma outra perspectiva sobre o direito humano à comunicação em suas dimensões midiáticas e existenciais.

LIMA, V. A. de. Conselhos de comunicação social: a interdição de um instrumento da democracia participativa. Brasília: FNDC, 2013.

Essa obra traz uma abordagem crítica e histórica da criação e do funcionamento dos Conselhos de Comunicação Social (CCS) no Brasil.

LIMA, V. A. de. Liberdade de expressão x liberdade de imprensa: direito à comunicação e democracia. São Paulo: Publisher Brasil, 2010.

Venício de Lima escreveu esse outro pequeno livro rico em informações sobre as diferenças fundamentais entre os direitos comunicacionais.

LIMA, V. A. de. Regulação das comunicações: história, poder e direitos. São Paulo: Paulus, 2011.

Confira essa obra se você está procurando saber mais sobre o panorama histórico das regulamentações dos meios de comunicação no Brasil.

Síntese

Neste segundo capítulo, você pôde desvendar a emergência dos direitos humanos à comunicação em sua pluralidade e suas diferenças. Estudou as particularidades históricas e teóricas dos direitos às liberdades de opinião, de imprensa, de acesso à informação, de participação, de reunião e de associação, além de compreender que os direitos comunicacionais estão vinculados ao acesso a meios materiais de expressão e difusão. Pôde também comparar argumentos que defendem que a efetivação dos direitos à comunicação passa inevitavelmente pela democratização da mídia. Após a compreensão de todos esses pontos, você adquiriu uma base mais sólida para caminhar até o estudo das violações aos direitos humanos veiculadas ou mesmo perpetradas pela grande mídia, além dos modos de resistência com a emergência de uma comunicação social mais humana, temas do próximo capítulo.

Questões para revisão

1. Sobre os direitos humanos à comunicação, assinale a alternativa incorreta:
    a) A discussão moderna sobre liberdade de imprensa começou com a demanda pela liberdade de impressão no século dezessete.
    b) O direito à liberdade de expressão e à liberdade de imprensa, por possuírem a mesma origem, são expressões que designam o mesmo direito fundamental.

c) Além da liberdade de expressão e opinião, a Constituição Federal de 1988 faz uma referência direta à liberdade de informação e à proteção da fonte e do trabalho jornalístico.

d) De acordo com a DUDH, a liberdade de expressão e a liberdade de publicização são sempre condicionais, sendo reguladas por outros artigos presentes no mesmo documento.

2. A seguir, assinale V para as afirmações verdadeiras e F para as falsas:

( ) Um ordenamento social-democrático só pode ser garantido se o indivíduo puder expressar seus pensamentos sobre o mundo sem medo de repressão estatal ou privada.

( ) A Constituição Federal brasileira traz as principais demandas históricas dos direitos humanos à comunicação, que foram regulamentados e implementados desde 1988.

( ) A Constituição Cidadã, no art. 220, parágrafo 5º, proíbe expressamente os monopólios midiáticos.

( ) Os direitos à comunicação são uma espécie de indicadores sobre o estado da democracia de um determinado país.

3. Sobre a Lei de Acesso à Informação (LAI), marque a alternativa incorreta:

a) Foi regulamentada em 2012 pelo Decreto nº 7.724, assinado pela então presidenta Dilma Rousseff.

b) A LAI possibilita que somente jornalistas e outros profissionais da comunicação tenham acesso a informações públicas de qualquer um dos Três Poderes da União – nos níveis federal, estadual ou municipal –, autarquias, empresas de economia mista e entidades privadas que recebam recursos públicos sem a necessidade de apresentar algum motivo.

c) Seu principal objetivo é garantir o controle e a transparência das atividades de um Estado ou governo pela sociedade civil.

d) Documentos públicos em regime de sigilo ultrassecreto e secreto não são cobertos pela LAI.

4. Liste os principais direitos fundamentais contidos no quadro de direitos à comunicação discutidos neste capítulo.

5. O que foi o Relatório MacBride?

Questões para reflexão

1. Com base no que foi discutido neste capítulo, você considera que os direitos à comunicação pertencem a uma outra categoria de direitos (quando comparados aos direitos individuais)?

2. Pondere os motivos pelos quais a regulamentação dos meios de comunicação no Brasil não conseguiu avançar nas últimas décadas.

Capítulo
03

Sobre a (in)comunicação dos direitos humanos: por um jornalismo responsável

Conteúdos do capítulo:

- A violação de diretos humanos na mídia: estruturas e casos.
- Programas policialescos.
- Aparato legal contra a violação midiática dos direitos humanos.
- O jornalismo responsável/humanizado.

Após o estudo deste capítulo, você será capaz de:

1. ter conhecimento conceitual e prático para investigar os relatos e as violações dos direitos humanos exercidas pelos meios de informação;
2. monitorar e avaliar os princípios e as questões de direitos humanos em contextos nacionais e globais veiculados nos meios de informação e entretenimento;
3. sensibilizar-se em relação à manipulação e à distorção dos direitos humanos por parte de organizações midiáticas, políticas e civis;
4. acionar dispositivos legais para a coação das violações aos direitos humanos na imprensa.

No início da tarde do dia 7 de janeiro de 2014, o programa Cidade 190, da TV Cidade, afiliada da Rede Record no Ceará, exibiu uma longa matéria de mais de dezessete minutos com cenas de violência sexual contra uma criança de nove anos, ocorrida em sua própria casa e cometida por um vizinho. As imagens, flagradas por uma câmera instalada pelos pais da vítima, foram embaçadas somente na altura dos órgãos genitais, permitindo a identificação da criança e do agressor. A violência brutal foi exposta sem qualquer outro filtro. Ao longo de toda a matéria, as imagens do estupro foram mostradas repetidas vezes. A família, o nome da rua, do bairro e até o número da casa foram expostas pelo programa televisivo.

Em 10 de maio de 2012, foi exibida uma matéria durante o programa Brasil Urgente, da TV Bandeirantes da Bahia, com a manchete

"Chororô na delegacia: acusado de estupro alega inocência". Nela, uma jornalista entrevista um homem detido por suspeita de ter cometido violência sexual contra uma mulher. Mas, contrariamente a qualquer manual de jornalismo, a repórter – branca e loira – expõe o suspeito – negro e algemado – como alguém já condenado por estupro. Em tom de deboche, além de ignorar a presunção de inocência de qualquer suspeito, por repetidas vezes ela o faz repetir a palavra *próstata*, pois ele desconhecia o termo *exame de corpo de delito*, confundindo-o com "exame de próstata".

Em 4 de fevereiro de 2014, uma âncora do SBT Brasil, telejornal transmitido em cadeia nacional no horário nobre pelo Sistema Brasileiro de Televisão (SBT), defendeu, em um comentário exibido durante o programa, os atos de um grupo de pessoas que havia agredido e amarrado nu, em um poste com uma tranca de bicicleta em volta do pescoço, um adolescente negro de 15 anos por suspeita de roubo. Ela foi acusada de incitação à violência e ao ódio por dizer frases como estas:

> O Estado é omisso, a polícia desmoralizada e a Justiça é falha. O que resta ao cidadão de bem que ainda por cima foi desarmado? Se defender, é claro! O contra-ataque aos bandidos é o que eu chamo de legítima defesa coletiva de uma sociedade sem Estado contra um estado de violência sem limite. E, aos defensores dos Direitos Humanos que se apiedaram do marginalzinho preso ao poste, eu lanço uma campanha: faça um favor ao Brasil, adote um bandido.

Esses são apenas três exemplos de casos explícitos de violação dos direitos humanos cometidos pela imprensa brasileira que tiveram grande repercussão na última década. Eles são sintomas de um problema real que temos diante de nós, não apenas do ponto de vista pedagógico de formação de profissionais da comunicação, mas também do ponto de vista jurídico, no sentido de aplicação de penas apropriadas para evitar a recorrência do desrespeito aos direitos humanos ratificados em nossa Constituição. Desses três casos, o primeiro foi punido em 2014, com a aplicação de uma multa pelo Ministério das Comunicações e da assinatura de um Termo de Ajustamento de Conduta em audiência ao Ministério Público Federal (MPF).[1] No segundo caso, após a ação ter sido arquivada e desarquivada pelo Ministério Público Federal, a emissora foi condenada em 2016 a pagar R$ 60 mil ao Estado por violação coletiva aos direitos humanos (Revista Consultor Jurídico, 2015). No último exemplo, a Justiça Federal[2] julgou improcedente a ação movida pelo MPF contra o SBT, sob a alegação do direito à liberdade de expressão e de manifestação, tendo invocado a tolerância com os intolerantes. O MPF recorreu e, até o final de 2018, o processo ainda estava em tramitação.

Aqui observamos, mais uma vez, a típica confusão sobre a relacionalidade dos direitos à comunicação – as liberdades de imprensa e de opinião deveriam ser responsabilizadas quando elas ofendem ou anulam outros direitos fundamentais e constitucionais. Também

---

1   Informações retiradas da plataforma *on-line* "Mídia Sem Violações de Direitos!" (Bandeira, 2018).
2   A sentença está disponível em São Paulo (2016).

devemos destacar que, além de violarem direitos humanos, como os direitos à dignidade, à presunção de inocência e à proteção da criança e do adolescente, os exemplos citados anteriormente são uma ofensa ao Código de Ética dos Jornalistas Brasileiros[3], elaborado pela Federação Nacional dos Jornalistas (Fenaj), cujo texto original é de 1949 e sua versão mais atualizada de 2007.

Gostaríamos de lembrar aqui, particularmente, do art. 6º do Código de Ética dos Jornalistas Brasileiros, que trata dos deveres do jornalista e contempla o compromisso do jornalismo com as pautas humanitárias condensadas na gramática dos direitos humanos que discutimos até aqui. Em itálico, destacamos alguns dos pontos transgredidos pelos três exemplos dados anteriormente:

Art. 6º. É dever do jornalista:

I – opor-se ao arbítrio, ao autoritarismo e à opressão, bem como *defender os princípios expressos na Declaração Universal dos Direitos Humanos*;

II – *divulgar os fatos e as informações de interesse público*;

III – lutar pela liberdade de pensamento e de expressão;

IV – defender o livre exercício da profissão;

V – valorizar, honrar e dignificar a profissão;

VI – *não colocar em risco a integridade das fontes* e dos profissionais com quem trabalha;

---

3   O documento está disponível como Anexo 3 ao final deste livro.

VII – combater e denunciar todas as formas de corrupção, em especial quando exercidas com o objetivo de controlar a informação;

VIII – *respeitar o direito à intimidade, à privacidade, à honra e à imagem do cidadão;*

IX – respeitar o direito autoral e intelectual do jornalista em todas as suas formas;

X – defender os princípios constitucionais e legais, base do estado democrático de direito;

XI – *defender os direitos do cidadão, contribuindo para a promoção das garantias individuais e coletivas, em especial as das crianças, dos adolescentes, das mulheres, dos idosos, dos negros e das minorias;*

XII – respeitar as entidades representativas e democráticas da categoria;

XIII – denunciar as práticas de assédio moral no trabalho às autoridades e, quando for o caso, à comissão de ética competente;

XIV – combater a prática de perseguição ou discriminação por motivos sociais, econômicos, políticos, religiosos, de gênero, raciais, de orientação sexual, condição física ou mental, ou de qualquer outra natureza. (Fenaj, 2020)

Como você deve ter percebido, o Código de Ética está alinhado com o espírito progressista das Cartas de Direitos e com a nossa Constituição Federal. Como a própria condição de existência de uma imprensa livre só pode ser garantida se observado o conjunto de direitos comunicacionais constituídos durante os dois últimos séculos, seria um contrassenso se a mídia não atuasse na promoção dos direitos humanos. E, mesmo assim, são inúmeros os casos em que as empresas de comunicação atuaram contra princípios cristalizados na gramática dos direitos fundamentais.

Mas o que, então, explicaria o que poderíamos chamar de violação sistemática, quase que diária, dos direitos humanos por boa parte da mídia nacional? Desconhecimento da própria legislação e dos códigos deontológicos do trabalho comunicacional? O desprezo por pautas sociais, libertárias e igualitárias? Ignorância sobre os papéis, os limites e as condutas da cobertura jornalística? Falta de uma fiscalização civil e governamental mais rígida?

Neste capítulo, apontaremos alguns caminhos possíveis para responder a essas perguntas, com base, inicialmente, em uma discussão sobre violações comuns cometidas pela imprensa e, em seguida, por meio da discussão de um paradigma de jornalismo humanitário. O objetivo é contextualizar o problema da comunicação dos direitos humanos pela mídia brasileira com o intuito de fundamentar a argumentação de que a responsabilização pela violação ou promoção dos direitos fundamentais deve recair não apenas no jornalista ou profissional de comunicação, mas também nas empresas de mídia, na forma assumida pelo mercado midiático hoje no país e, ainda, no Estado, responsável tanto pela fiscalização quanto pelas políticas públicas comprometidas com os princípios constitucionais que deveriam nortear os caminhos da imprensa brasileira.

3.1
A naturalização da violação dos direitos fundamentais

Como vimos no capítulo anterior, ao estudarmos a cristalização da gramática dos direitos humanos em nossa Constituição Cidadã, a regulamentação das atividades de comunicação social no país está longe de ter sido efetivada.

Com base nisso, então, como sugestão, faça um breve exercício de observação: folheie um jornal ou navegue por um portal de notícias e observe se há alguma matéria em que uma pessoa seja citada nominalmente como "suspeita" ou vítima de alguma delação ou acusação cujas provas ainda não foram levantadas. As chances de que você encontre ao menos uma matéria, em qualquer jornal brasileiro, são muito altas. Entre as violações mais comuns estão o desrespeito à presunção de inocência, a exposição indevida de pessoas e famílias e o atentado contra a vida privada, a dignidade e a honra de indivíduos.

O problema da divulgação de crimes sem apuração, provas ou julgamento é a sujeição de pessoas ao imenso potencial estigmatizante dos meios de comunicação.

O problema da divulgação de crimes sem apuração, provas ou julgamento é a sujeição de pessoas ao imenso potencial estigmatizante dos meios de comunicação. Quando jornais se assemelham a tribunais popularescos, eles correm o risco de se transformarem em instrumentos de incitação à violência, ao linchamento e, mais ainda, ao desrespeito e à violação do sistema penal brasileiro. A questão que deve ser colocada à execração midiática de qualquer criminoso é se ele, depois de julgado e condenado, não teria por princípio o direito à ressocialização após o cumprimento da pena.

O Código Alemão de Imprensa[4], por exemplo, possui uma seção dedicada à proteção da personalidade (Presserat, 2020), com recomendações específicas para o relato de crimes. De acordo com o documento, a imprensa só deve publicar nomes, fotos e outras informações que possam tornar identificáveis suspeitos ou responsáveis somente se o interesse legítimo do público superar os interesses legítimos dos afetados em um determinado caso, considerando-se, particularmente, se uma pessoa que já possui uma vida pública esteja envolvida. Em outros casos, a divulgação de dados pessoais ou fotos não é recomendada por conta do direito à reabilitação e à ressocialização. No caso de testemunhas ou vítimas, a atribuição e a publicação de dados pessoais e fotografias são geralmente inadmissíveis, pois são irrelevantes para o relato do fato.

Infelizmente, a identificação de acusados e vítimas está naturalizada no Brasil. Um efeito disso é que a proteção da honra e dignidade humanas se tornam menos importantes do que o furo jornalístico. Um evento exemplar dessa lógica perversa de violação dos direitos humanos e perpetrado ao mesmo tempo por várias

---

4   Publicado pelo Conselho Alemão de Imprensa, o Código é prescritivo e não normativo (assim como o Código de Ética dos Jornalistas Brasileiros), muito embora o Conselho emita reprimendas públicas contra jornalistas e veículos de informação infratores, o que gera bastante impopularidade entre as empresas. O Código de Imprensa é, antes de tudo, uma coleção de recomendações e regras, todas baseadas em leis e considerações éticas, o que significa que qualquer pessoa que aderir ao Código da Imprensa não violará, em princípio, nenhuma lei alemã.

empresas de comunicação brasileiras é o conhecido "Caso da Escola Base"[5]. Em março de 1994, os quatro proprietários da Escola de Educação Infantil Base, localizada na zona sul de São Paulo, e mais dois envolvidos foram acusados de terem abusado sexualmente de alguns alunos. A denúncia inicialmente foi feita por alguns pais de alunos que disseram que as crianças haviam sido levadas pelos donos da escola para orgias na casa de outros pais. O delegado responsável pelo caso, após exames com as crianças no IML e de um mandado de segurança, verificou que não havia qualquer indício de que o crime houvesse ocorrido. Indignados, os pais procuraram a imprensa. Sem qualquer checagem de fatos, várias empresas da chamada "grande mídia" nacional, como os jornais paulistas *Folha de S.Paulo* e *Estado de São Paulo*, as emissoras Globo, SBT, Record e Bandeirantes, as revistas *Veja* e *IstoÉ*, e os extintos jornais paulistas *Notícias Populares* e *Folha da Tarde*, alimentados por erros de divulgação do próprio delegado do caso, condenaram os envolvidos sem ao menos ouvi-los e formaram a opinião pública contra os seis acusados.

Em seguida, especulações, denúncias e acusações contra os envolvidos foram se proliferando de forma extremamente rápida na mídia: do uso de drogas em alunos à pedofilia e à pornografia infantil. Os acusados foram fotografados, tiveram dados pessoais

---

5   Para saber mais sobre o Caso da Escola Base, cf. Ribeiro (1995), publicado pouco depois do fato e fundamental para qualquer estudo sobre o caso. Para um relato mais recente sobre os efeitos e destinos dos personagens envolvidos no processo, cf. Coutinho (2016).

divulgados, as privacidades invadidas, o sigilo bancário quebrado – tudo antes de prestarem qualquer depoimento à polícia. Foram até mesmo presos antes da conclusão de qualquer investigação. A escola também foi depredada, os envolvidos foram ameaçados e a população clamava pelo linchamento dos suspeitos. Apenas no dia 22 de junho os acusados foram inocentados, mas os estragos provocados pelos jornais já eram irreversíveis: além dos problemas físicos e psicológicos, após tanta execração pública e ameaças de morte, os donos estavam falidos e a escola destruída. No decorrer dos anos, desenrolaram-se vários processos para reparação dos danos contra o Estado e as empresas de mídia, alguns dos quais se arrastam na Justiça até hoje.

O Caso da Escola Base é um exemplo extremo do potencial de violação dos direitos fundamentais da imprensa. Mas tal fato, mesmo após o reconhecimento dos crimes cometidos pela cobertura jornalística, não alteraram o cenário brasileiro de produção de notícias. O número de transgressões diárias pela imprensa nacional é alto e a lista de infrações é extensa: desrespeito à presunção de inocência; incitação ao crime, à violência e à desobediência às leis ou às decisões judiciais; exposição indevida de pessoas e famílias; discurso de ódio e preconceito; violação do direito ao silêncio, tortura psicológica e tratamento degradante, para citar alguns.

3.2
Crimes como regra: sobre os programas policialescos

A partir dos anos de 1990, assistimos à proliferação de programas que possuem como pauta diária a violação dos direitos fundamentais: os chamados *programas policialescos*. O apelo à violência, a criminalização da pobreza e a ridicularização de agressores e vítimas praticamente são constitutivos desse "gênero" jornalístico. Um dos pioneiros foi o "Aqui Agora", lançado em 1991 pelo SBT, programa que investia bastante no relato de crimes. Com o sucesso na disputa por audiência, principalmente contra a programação da TV Globo, logo variações sobre o mesmo tema não tardaram a surgir, como o "Na Rota do Crime" (da extinta TV Manchete), o "Cidade Alerta" (TV Record), o "Brasil Urgente" (TV Bandeirantes), o "190 Urgente" (CNT) e o "Repórter Cidadão" (RedeTV!), para citar apenas alguns de cadeia nacional, pois praticamente em todos os estados da federação as retransmissoras locais também produziam (ou produzem) seus próprios programas policialescos, veiculados mais frequentemente no horário do almoço.

Perguntas & respostas

O que é um programa ou "gênero jornalístico" policialesco?

O termo *policialesco* descreve programas tanto de tevê quanto de rádio. Além de se voltarem quase que exclusivamente para pautas policiais, com narrativas de crimes e violências, eles possuem um forte apelo sensacionalista, com uma linguagem de grande apelo popular. Normalmente seus apresentadores zelam por produzir uma autoimagem de justiceiros que cobram do Estado, denunciam crimes e canalizam as frustrações e a indignação social contra o aumento da violência nas cidades brasileiras.

O principal argumento dos defensores do formato é que ele daria vazão ao "gosto popular". O problema é que isso não pode ser confundido com interesse público de uma notícia. Toda emissora aberta faz uso de uma concessão pública e deve prezar pelos valores cidadãos e humanitários da nossa Constituição Federal. A defesa de um espaço público que não viole os direitos fundamentais deveria estar acima de qualquer nicho de consumo. O argumento de "atender ao gosto popular" apenas reforça uma visão de mundo cujo ideal de justiça é obscurecido pela transformação do medo e da indignação contra a violência cotidiana em mais violência.

É interessante notar como esse formato midiático se inseriu não apenas nos hábitos de consumo, mas também no próprio imaginário social e político brasileiro. Não foram poucos os apresentadores e repórteres de programas policialescos que buscaram ingressar na política. De acordo com um levantamento do Coletivo Intervozes (Barbosa, 2018), realizado no Distrito Federal e em dez capitais brasileiras (BA, CE, ES, MG, PA, PB, PE, PR, RJ e SP), foram 23 candidatos disputando uma vaga como deputado estadual ou federal nas eleições de 2018 que tinham carreira em programas policialescos. Segundo a pesquisa, esses candidatos se aproveitam de uma brecha legal que, embora proíba a presença de candidatos em programas de rádio e tevê, não indica nada sobre a presença de políticos com mandatos vigentes na apresentação dessas exibições. Naturalmente, o foco das campanhas desses candidatos foi o combate à criminalidade com base em pautas alinhadas ao conservadorismo político, como o armamento da população, a diminuição da maioridade penal e a adoção de penas mais severas.

É sintomático perceber ainda que, com a proliferação dos programas desse gênero, também houve um aumento do descrédito dos brasileiros em relação à atuação dos direitos humanos. De acordo com uma pesquisa coordenada pelo Instituto Ipsos em 2018 (Franco, 2018), mais da metade dos brasileiros considera que os direitos humanos beneficiam quem não merece. Foi construído todo um imaginário social em torno da falácia de que os direitos humanos são "direitos de bandidos". E isso é reforçado por vários programas veiculados na grande mídia, particularmente, pelos policialescos.

Perguntas & respostas

De onde vem a ideia de que os direitos humanos são direitos de bandidos?

"Aos defensores dos Direitos Humanos que se apiedaram do marginalzinho preso ao poste, eu lanço uma campanha: faça um favor ao Brasil, adote um bandido", essa frase foi dita por uma âncora do telejornal em horário nobre do SBT em 2014, cujo caso foi relatado no início deste capítulo. Ela sintetiza bem o lugar comum de um discurso que despreza a necessidade de discussão sobre os direitos fundamentais e as violações deles no Brasil. O fundamento histórico para essa associação encontra sua explicação nos anos de 1980. Durante o período de ditadura militar, boa parte dos esforços dos ativistas de direitos humanos no país voltava-se aos direitos fundamentais de presos políticos e exilados. Com o fim do regime, o foco foi alterado para os presos comuns e as condições do sistema prisional brasileiro. Os críticos dos ideais progressistas que dominaram o espírito da nossa Constituição no período de democratização encontraram aí um ponto de apoio para fazer com que a opinião pública ignorasse a necessidade de discussão, implementação e expansão dos direitos humanos no Brasil. De acordo com Oscar Vieira (2001, p. 75), era fundamental para os conservadores que as novas lideranças democráticas não tivessem nenhuma condição de conter a criminalidade e que somente eles fossem capazes de impor ordem à sociedade. Entretanto, como foi apresentado e discutido no decorrer deste livro, a pauta dos direitos humanos é muito mais ampla: ela não apenas defende o direito a um julgamento justo, a presunção de inocência e o direito de não ser escravizado ou torturado, mas também busca garantias de que você não seja assaltado e tenha sua vida ameaçada, que você tenha o direito a uma vida digna, com trabalho, moradia e alimentação, que seja livre para expressar suas ideias, escolher sua religião ou mesmo nenhuma delas, ter a orientação sexual que for sem ser importunado, para ficarmos apenas com alguns exemplos.

Para que você possa dimensionar a radicalidade dos programas policialescos no potencial que têm para "incomunicar" a gramática dos direitos humanos, citemos aqui uma série de estudos coordenados pela Agência de Notícias dos Direitos da Infância (Andi) em parceria com o Intervozes (Coletivo Brasil de Comunicação Social) e com a Procuradoria Federal dos Direitos do Cidadão (Varjão, 2015a, 2015b, 2016), que se dedicou à análise de 28 programas exibidos em dez capitais brasileiras – Belém (PA), Belo Horizonte (MG), Brasília (DF), Campo Grande (MS), Curitiba (PR), Fortaleza (CE), Recife (PE), Rio de Janeiro (RJ), Salvador (BA) e São Paulo (SP) – durante o período compreendido entre 2 e 31 de março de 2015. Em apenas trinta dias, as matérias exibidas em programas de rádio e tevê nessas capitais cometeram 4,5 mil violações de direitos, perpetraram mais de 15 mil infrações a leis brasileiras e pactos multilaterais e transgrediram quase duas mil vezes normas autorregulatórias (Varjão, 2016, p. 6). Entre as principais violações, estão exposições indevidas de pessoas, desrespeitos à presunção de inocência, violações do direito ao silêncio (quando o entrevistado é instado a falar contra sua vontade), exposições indevidas de famílias, incitações à desobediência às leis ou às decisões judiciárias, incitações ao crime e à violência, identificações de adolescentes em conflito com a lei (divulgação de qualquer dado ou imagem que permita a identificação direta ou indireta de um adolescente), discursos de ódio ou preconceito, torturas psicológicas e tratamentos desumanos ou degradantes.

Essas violações são tipificadas tanto na Constituição Federal e seus posteriores marcos legais quanto em declarações e tratados internacionais dos quais o Brasil é signatário, como o Pacto de San José da Costa Rica. Antes de discutirmos exemplos e caminhos para uma humanização da cobertura midiática, vale a pena ponderarmos sobre alguns dos instrumentos legais que deveriam coibir produções de caráter supostamente jornalístico e que se constituem como um ataque direto aos direitos humanos.

3.3
Contra a violência midiática

Como vimos anteriormente, toda vez que se tenta regulamentar ou penalizar violações de direitos humanos perpetrados pelos próprios sistemas de comunicação, frequentemente ouve-se o argumento de que está havendo um cerceamento da liberdade de expressão – portanto, censura – e que até mesmo um discurso de intolerância devia ser tolerado.

Os detratores dos direitos fundamentais afirmam que ser intolerante contra a intolerância nos leva a uma aporia ou paradoxo, pois a sociedade democrática não poderia mais, então, ser justa – já que, em último caso, seria intolerante. Mas o problema maior é que uma tolerância sem freios, aquela capaz de acolher inclusive as vozes daqueles que desejam suprimi-la, provocaria a própria destruição. Essa questão aparentemente abstrata foi definida como o "paradoxo da tolerância", coincidentemente no mesmo ano de fundação da Organização das Nações Unidas (ONU), em 1945, com a publicação do livro *The Open Society and its Enemies* pelo filósofo austríaco e defensor da democracia liberal Karl Popper. Em uma nota de rodapé escrita em um estudo sobre a obra de Platão, ele afirma:

> Tolerância ilimitada deve levar ao desaparecimento da tolerância. Se estendermos a tolerância ilimitada mesmo àqueles que são intolerantes, se não estivermos preparados para defender

uma sociedade tolerante contra o ataque dos intolerantes, então os tolerantes serão destruídos, e a tolerância com eles. (Popper, 2013, p. 581)[6]

Aparentemente um problema jurídico ou filosófico, o direito à intolerância do intolerante deve ser defendido porque, nesse caso, as próprias regras que sustentariam o jogo democrático e seu princípio de tolerância das diferenças estariam em risco.

Seria, portanto, a tolerância uma estrutura plausível para a defesa da regulamentação das atividades e produções no campo da comunicação social? Etimologicamente, tolerar significa suportar, aguentar (uma dor ou dificuldade), aceitar com resignação, deixar existir sem uma interferência autoritária. As origens do conceito remontam à Antiguidade, com a permissão de outras religiões no Império (desde que atestada sua falta de periculosidade), e à Idade Média, com a tolerância aos judeus determinada pelo Papa Gregório (602 d.C.). Com a Modernidade e o Iluminismo, houve a secularização da tolerância. O filósofo inglês John Stuart Mill (1806-1873), por exemplo, escreveu em sua obra *Sobre a Liberdade* (Mill, 2017), publicada em 1859, que todas as religiões deveriam ser toleradas, já que elas escapariam a qualquer princípio racional de validade. Na própria Declaração Universal dos Direitos Humanos – DUDH (1948 – Anexo 1), o princípio de tolerância pode ser encontrado

---

6   Todas as traduções de citações de livros em línguas estrangeiras, quando não referenciadas as obras em português, são de nossa autoria.

direta e indiretamente em diversos momentos: "Todo ser humano tem direito à liberdade de pensamento, consciência e religião [...]" (art. XVIII); "direito à liberdade de opinião e expressão" (art. XIX); e a educação "promoverá a compreensão, a tolerância e a amizade entre todas as nações e grupos raciais ou religiosos" (art. 26) (Nações Unidas Brasil, 1948). Mais recentemente, em 1995, a Organização das Nações Unidas para a Educação, a Ciência e a Cultura (Unesco) viria a publicar a *Declaração de princípios sobre a tolerância*, que determina o papel dos Estados na sua defesa e promoção, bem como define o significado de tolerância para os países que integram o Sistema da ONU:

> **Artigo 1º – Significado da tolerância**
>
> 1.1 A tolerância é o respeito, a aceitação e o apreço da riqueza e da diversidade das culturas de nosso mundo, de nossos modos de expressão e de nossas maneiras de exprimir nossa qualidade de seres humanos. É fomentada pelo conhecimento, a abertura de espírito, a comunicação e a liberdade de pensamento, de consciência e de crença. A tolerância é a harmonia na diferença. Não só é um dever de ordem ética; é igualmente uma necessidade política e jurídica. A tolerância é uma virtude que torna a paz possível e contribui para substituir uma cultura de guerra por uma cultura de paz.
>
> 1.2 A tolerância não é concessão, condescendência, indulgência. A tolerância é, antes de tudo, uma atitude ativa fundada no reconhecimento dos direitos universais da pessoa humana e das liberdades fundamentais do outro. Em nenhum caso a

tolerância poderia ser invocada para justificar lesões a esses valores fundamentais. A tolerância deve ser praticada pelos indivíduos, pelos grupos e pelo Estado.

1.3 A tolerância é o sustentáculo dos direitos humanos, do pluralismo (inclusive o pluralismo cultural), da democracia e do Estado de Direito. Implica a rejeição do dogmatismo e do absolutismo e fortalece as normas enunciadas nos instrumentos internacionais relativos aos direitos humanos.

1.4 Em consonância ao respeito dos direitos humanos, praticar a tolerância não significa tolerar a injustiça social, nem renunciar às próprias convicções, nem fazer concessões a respeito. A prática da tolerância significa que toda pessoa tem a livre escolha de suas convicções e aceita que o outro desfrute da mesma liberdade. Significa aceitar o fato de que os seres humanos, que se caracterizam naturalmente pela diversidade de seu aspecto físico, de sua situação, de seu modo de expressar-se, de seus comportamentos e de seus valores, têm o direito de viver em paz e de ser tais como são. Significa também que ninguém deve impor suas opiniões a outrem. (Unesco, 1995, p. 11-12, grifo do original)

A *Declaração de princípios sobre a tolerância* da Unesco parece responder às preocupações do poeta romântico alemão Goethe (1749-1832), que há mais de duzentos anos já alertava, em um dos seus aforismos, sobre a necessidade de uma mudança ativa e qualitativa para a efetivação do reconhecimento das diferenças: "A tolerância deve ser apenas uma atitude temporária: deve levar ao reconhecimento. Suportar significa ofender" (Goethe, 2016, p. 104). Nessa linha de reflexão sobre a tolerância, o objetivo das leis e regulamentações da mídia não seria apenas o de proteção dos ataques aos direitos fundamentais do indivíduo e da sociedade, mas o de preparar uma prática do reconhecimento, do respeito e da responsabilidade como pilares da produção comunicacional.

Entretanto, como já foi ressaltado em outros momentos, ainda não dispomos de um Conselho de Comunicação Social (CCS) fortalecido, que possua designações não apenas consultivas, mas prescritivas, denunciativas e punitivas. Então, quais ferramentas teríamos à mão para responsabilizar as violações dos direitos humanos cometidas por agentes da mídia (empresas, empresários, jornalistas, publicitários etc.)? Vamos observar a seguir alguns dispositivos legais que tipificam violações dos direitos humanos no jornalismo e entretenimento midiático.

a) Discurso de ódio

O discurso de ódio é a expressão do preconceito a etnias, cores de pele, religiões, origens, orientações sexuais, idades, níveis de escolaridade, condição econômica ou social. A sua tipificação e sua condenação estão não apenas em nossa Constituição Federal, mas também nos demais acordos e declarações internacionais de proteção dos direitos humanos. Entretanto, não há, no Brasil, uma lei que discorra sobre o discurso de ódio como um crime particularmente nos meios de comunicação. Por sua vez, casos de violações podem ser enquadrados na Lei n. 7.716, de 5 de janeiro de 1989 (Brasil, 1989), conhecida como *Lei de Combate ao Racismo*, que prevê punição de cinco anos de reclusão para discriminação ou preconceito por causa de raça, cor, etnia, religião ou nacionalidade.

Em relação à homofobia, após oito anos de tramitação, foi arquivado, em 2014, pelo Senado, o Projeto de Lei n. 122, que buscava alterar a Lei de Combate ao Racismo para a inclusão de punição à discriminação ou ao preconceito nos casos de gênero, sexo, orientação ou identidade sexual, da mesma forma que os preconceitos contra etnia, religião e procedência nacional foram inclusos na Lei n. 7.716/1989 em 1997. O Senado havia cedido a pressões da bancada evangélica e de entidades cristãs que argumentavam que o projeto feria o direito fundamental à liberdade religiosa – o que, em nenhuma parte do projeto original, deixa-se entender. Contudo, em 13 de junho de 2019, o Supremo Tribunal Federal (STF) julgou uma Ação Direta de Inconstitucionalidade por Omissão (ADO) – a ADO 26 – e determinou que houve negligência inconstitucional do Congresso Nacional por não haver editado uma lei que criminalizasse atos de homofobia e de transfobia. Portanto, esses delitos foram enquadrados como tipo penal definido pela Lei do Racismo (Lei n. 7.716/1989) até que o Congresso Nacional crie uma lei específica.

Dentre outros marcos normativos ou prescritivos que tipificam o crime de discurso preconceituoso (Varjão, 2016, p. 136-137), estão: a Constituição Federal de 1988, art. 3º, inciso IV; o Regulamento dos Serviços de Radiodifusão, art. 122, tópico 5; o Código Brasileiro de Telecomunicações, art. 53, "e"; e o Código de Ética dos Jornalistas Brasileiros, art. 6º, inciso XIV.

b) Racismo

O racismo é a expressão de uma discriminação baseada na crença falaciosa de uma hierarquização de diferentes "raças" humanas, segundo a qual características físicas – particularmente a cor da pele – determinam traços de cultura, inteligência ou caráter. No Brasil, cuja história é marcada por um período de 300 anos de escravização de pessoas nascidas na África e de seus descendentes, há um racismo estrutural contra pessoas negras[7]. Mesmo após 130 anos da abolição da escravatura, nunca houve grandes medidas efetivas de reparação e integração dos povos escravizados e seus descendentes, seja por meio da reforma agrária, seja por meio do acesso à serviços básicos, como educação de qualidade, saúde, emprego e moradia. O movimento das senzalas para as periferias do Brasil durante sua modernização foi naturalizado e estigmatizado sob um outro tipo grave de preconceito entranhado nas classes mais abastadas: o ódio contra pobres.

O primeiro marco legal contra o racismo foi a Lei Afonso Arinos – Lei n. 1.390, promulgada em 3 de julho de 1951, por Getúlio Vargas, que incluía entre as contravenções penais a prática de atos resultantes de preconceitos de raça ou de cor em estabelecimentos públicos e comerciais (Brasil, 1951).

---

7   Cabe ainda lembrar que o emprego da palavra *negro* na autodeterminação da identidade também implica uma decisão política e cultural. O Instituto Brasileiro de Geografia e Estatística (IBGE) baseia seus estudos demográficos sobre classificação étnico-racial em cinco critérios (branco, preto, pardo, amarelo e indígena). Em dados demográficos, a população negra é definida pelo somatório da preta e da parta, como definidas pelo IBGE.

Em 1940, o Código Penal Brasileiro – Decreto-Lei n. 2.848, de 7 de dezembro de 1940 (Brasil, 1940) – tipificou, no art. 140, parágrafo 3º, o crime de injúria ("Injuriar alguém, ofendendo-lhe a dignidade ou o decoro; Pena: detenção, de um a seis meses, ou multa"). Entretanto, a injúria racial só viria a ser tipificada com uma alteração desse artigo pela Lei n. 9.459/1997, assinada por Fernando Henrique Cardoso ("§3 - Se a injúria consiste na utilização de elementos referentes a raça, cor, etnia, religião ou origem" (Brasil, 1997)).

Esse ponto é necessário para percebemos a diferenciação que a legislação brasileira faz entre crimes direcionados ao indivíduo e agressões a um grupo étnico. A ofensa a etnias e povos havia entrado definitivamente na pauta dos discursos dos direitos humanos após a Convenção Internacional sobre a Eliminação de Todas as Formas de Discriminação Racial (Brasil, 1969), organizada pela ONU em 1965. Com base nela, os Estados-membros comprometeram-se a tomar medidas para promover o respeito mútuo e a observância dos direitos humanos e liberdades fundamentais para todos, sem discriminação de raça, sexo, idioma ou religião. No art. 3º da Convenção, os Estados-membros condenam qualquer segregação racial. Por sua vez, no art. 4º são refutadas quaisquer teorias ou ideias baseadas na superioridade de uma raça ou de um grupo de pessoas de uma

> O racismo é a expressão de uma discriminação baseada na crença falaciosa de uma hierarquização de diferentes "raças" humanas, segundo a qual características físicas – particularmente a cor da pele – determinam traços de cultura, inteligência ou caráter.

certa cor ou de uma certa origem étnica. Também é combatida qualquer forma de ódio e de discriminação raciais.

Tais princípios foram absorvidos pela Constituição Cidadã de 1988, em cujo art. 5º, inciso XLII, afirma-se que "a prática do racismo constitui crime inafiançável e imprescritível, sujeito à pena de reclusão, nos termos da lei" (Brasil, 1988). A regulamentação não tardou a chegar, com a promulgação da já citada Lei n. 7.716/1989, quedefine, no art. 20, *caput*, os crimes resultantes do preconceito racial e prescreve pena de reclusão de um a três anos para quem: "Praticar, induzir ou incitar a discriminação ou preconceito de raça, cor, etnia, religião ou procedência nacional" (Brasil, 1989).

No art. 20 da Lei n. 7.716/1989, há, pela primeira vez, uma referência à punição do crime quando cometido pelos meios de comunicação. Por isso, essa lei se tornou referência para as demais denúncias de discurso de ódio. No parágrafo 2º do referido artigo está estabelecido que, se qualquer dos crimes previstos for "cometido por intermédio dos meios de comunicação social ou publicação de qualquer natureza", a pena será de "reclusão de dois a cinco anos e multa" (Brasil, 1989). As penas estabelecidas por juiz poderão compreender ainda: a busca e apreensão dos exemplares da publicação, a cessação das transmissões radiofônicas, televisivas, eletrônicas ou a retirada do site do ar.

Entretanto, na maioria das vezes, quando ocorrido na mídia, o preconceito contra negros é tipificado não como racismo – que seria inafiançável – mas como injúria racial. Essa acaba sendo uma brecha legal encontrada por racistas que querem escapar da prisão. O crime de racismo é mais difícil de ser enquadrado, pois ele só é caracterizado quando a ofensa se dirigiu comprovadamente a todo um grupo, e não a uma pessoa em particular. A injúria racial estabelece apenas prisão de um a três anos (com possibilidade de fiança) e multa para quem ofender a dignidade utilizando elementos de raça, cor, etnia, religião, origem ou condição de pessoa idosa ou portadora de deficiência.

c) Incitação ao crime e à violência

A punição por incitação ao crime está prevista no Título IX – Dos Crimes Contra a Paz Pública, do Código Penal Brasileiro, no art. 286: "Incitar, publicamente, a prática de crime: Pena – detenção, de três a seis meses, ou multa"; e no art. 287: "Fazer, publicamente, apologia de fato criminoso ou de autor de crime: Pena – detenção, de três a seis meses, ou multa" (Brasil, 1940).

A Lei n. 7.716/1989, que define os crimes resultantes do preconceito étnico-racial, criminaliza a apologia ao nazismo no art. 20, parágrafo 1º:

> § 1º Fabricar, comercializar, distribuir ou veicular símbolos, emblemas, ornamentos, distintivos ou propaganda que utilizem a cruz suástica ou gamada, para fins de divulgação do nazismo. Pena: reclusão de dois a cinco anos e multa. (Incluído pela Lei nº 9.459, de 15/05/97). (Brasil, 1989)

Dentre outros marcos normativos ou prescritivos que tipificam o crime de incitação à violência (Varjão, 2016, p. 134) estão: a Constituição Federal, art. 5º, inciso XLVII; a Convenção Americana sobre Direitos Humanos, art. 5°, tópicos 1 e 2; a DUDH, art. 5°; o Pacto Internacional sobre Direitos Civis e Políticos, art. 7°; e o Código de Ética dos Jornalistas Brasileiros, art. 7°, inciso V; art. 11, inciso II.

d) Presunção de inocência

O princípio universal da presunção de inocência é amplamente defendido no direito brasileiro por ser uma das bases da Constituição Federal de 1988, em cujo art. 5°, incisos LIII e LVII, afirma-se: "LIII – ninguém será processado nem sentenciado senão pela autoridade competente; [...] LVII–ninguém será considerado culpado até o trânsito em julgado de sentença penal condenatória" (Brasil, 1988). O mesmo artigo ainda assegura o direito personalíssimo à imagem e à honra, diante dos crimes de injúria, calúnia e difamação, no inciso X: "são invioláveis a intimidade, a vida privada, a honra e a imagem das pessoas, assegurado o direito a indenização pelo dano material ou moral decorrente de sua violação" (Brasil, 1988).

Dentre outros marcos normativos ou prescritivos que tipificam o crime contra a presunção de inocência (Varjão, 2016, p. 134), estão: a Convenção Americana sobre Direitos Humanos, art. 5°, tópico 8.1; a DUDH, art. 11, parágrafo 1°; o Código de Ética dos Jornalistas Brasileiros, art. 9°; art. 12, inciso II.

e) Tortura psicológica

A tortura psicológica, também tipificada como tratamento desumano ou degradante, ocorre quando uma pessoa é ameaçada, coagida, intimidada, chantageada, humilhada ou ridicularizada por um profissional ou empresa de comunicação. O objetivo do sofrimento mental é normalmente utilizado para obter informações ou confissões de uma pessoa ou com o objetivo vingativo de punição por um ato supostamente cometido pela vítima.

Alguns exemplos de normativos ou prescritivos que tipificam o crime de tortura psicológica são (Varjão, 2016, p. 138): a Constituição Federal, art. 1º, inciso III; o Regulamento dos Serviços de Radiodifusão, art. 28, tópico 12, item "b"; a Lei de Execução Penal, art. 41, inciso VIII; a Lei n. 9.455/1997 (sobre tortura), art. 1º, incisos I, "a", e II, parágrafos 1º e 2º; a Convenção Contra a Tortura e Outros Tratamentos ou Penas Cruéis, Desumanos ou Degradantes, art. 1º; art. 4º; art. 11; art. 14; art. 15; art. 16; a DUDH, art. 5º; a Declaração Americana dos Direitos e Deveres do Homem, art. 5º; o Pacto Internacional sobre Direitos Civis e Políticos, art. 7º; e o Código de Ética dos Jornalistas Brasileiros, art. 7º, inciso V; art. 11, inciso II.

Infelizmente, mesmo com todos esses instrumentos legais e prescritivos, a ausência de fiscalização, o valor baixo das multas e a morosidade dos processos colaboram para a normalização das violações no cotidiano midiático. O problema dos limites das transgressões dos direitos humanos perpetradas pela mídia é agravado pela falta de um CCS com atribuições punitivas contra profissionais, empresas e o Estado.

Como vimos no exemplo dos programas policialescos, há no Brasil uma violação sistemática aos direitos humanos que é midiática. E a responsabilização deve recair não apenas sobre os programas infratores, mas também: i) sobre o Estado, não só pela fiscalização insuficiente deste, mas por ser cúmplice na produção desses programas com a divulgação de informações e a permissão da presença dos repórteres no momento da prisão de suspeitos e criminosos; ii) sobre o mercado de mídia, totalmente desequilibrado no que diz respeito à relação entre empresas privadas, públicas e estatais; e, principalmente, iii) sobre os jornalistas. Na ponta da cadeia de produção da notícia estão as possibilidades e os limites éticos escolhidos pelo profissional de comunicação. Os princípios éticos, legais e constitucionais deveriam, portanto, ser o fator limitador das suas ações. Não há possibilidade de haver qualquer entrevista sob as chaves da humilhação, da chacota, do desrespeito, do preconceito. E todo repórter deveria saber disso.

Assim, na falta ainda de mecanismos efetivos de controle e responsabilização dos excessos e crimes cometidos pela imprensa (que, como vimos, não podem ser comparado à censura), resta-nos trilhar um caminho pedagógico, apelando à formação dos profissionais de Comunicação Social e discorrendo sobre a importância de propor uma outra comunicação, mais humanizante e humanitária.

3.4
Por um jornalismo responsável (humanizado)

Até este momento, buscamos ilustrar e discutir como os meios de comunicação podem atuar como agentes transgressores dos direitos humanos. Passamos, então, para o outro lado do pêndulo: De que forma(s) o jornalismo pode atuar na defesa e na promoção dos direitos fundamentais? Qual é o papel do profissional da mídia?

Quais são os limites das denúncias das pautas humanitárias? Qual é a importância das organizações não governamentais (ONGs) para as empresas de informação e entretenimento? Quais são os instrumentos que podem auxiliar o profissional de comunicação nas pesquisas sobre direitos humanos? Este último tópico se propõe a abordar essas questões.

Voltemos, então, para as funções sociais e públicas do jornalismo. Antes de qualquer coisa, a imprensa dá visibilidade, que é o princípio de publicidade: para que algo se torne público, à vista de todos, é necessário que ele emerja no espaço público. Mais ainda: para que algo surja como um problema, é preciso que ele seja mostrado ou nomeado. Com a transformação de um fato ou acontecimento em notícia, o jornalismo tem o poder de agenciamento e agendamento da opinião pública, pautando aquilo digno de ser discutido. É com base nesse princípio instaurador que a imprensa pode perseguir suas outras funções, como a investigação, a denúncia, a regulação e a responsabilização (não apenas do Estado, mas também da iniciativa privada).

Acima de tudo, os meios de comunicação têm um papel coformativo, ou seja, eles "coinstituem" a vida democrática. Por isso, como vimos no primeiro capítulo, os próprios princípios de liberdade de imprensa e liberdade de expressão coincidem não apenas com a ascensão da democracia moderna, mas também com a consolidação dos direitos humanos. Não por acaso, os códigos de ética jornalística, nacionais e internacionais, estão entrelaçados aos princípios humanitários. Por mais que as atividades comunicacionais ocorram com e mediante os meios técnicos, o horizonte é sempre humano: o jornalismo terá sempre o ser humano como origem e destino. Portanto, com base no princípio publicístico da imprensa, o problema primordial que se coloca à questão do relato dos direitos fundamentais na mídia é "como transformar fato em notícia". Violações dos direitos humanos ocorrem cotidianamente no país. As condições de desigualdade e exclusão foram naturalizadas pela sociedade brasileira. Pessoas em situações de miséria e de rua, crianças pedindo esmolas, fome nas periferias do país: chega-se ao ponto em que esses e outros problemas sérios não causam qualquer indignação ou comoção social. Então, como transformar algo estruturalmente banalizado, muitas vezes distante de boa parte dos leitores, ouvintes e espectadores em notícia?

Um bom exemplo nos é dado pelo repórter Marcelo Canellas, em sua premiada série de reportagens sobre a fome no Brasil[8] transmitida entre 18 a 22 de junho de 2001 no Jornal Nacional, da TV Globo. A matéria desnaturaliza um tópico que parecia esquecido e distante dos grandes centros urbanos do país, trazendo a questão em sua complexidade: não era apenas no sertão nordestino que se passava fome, mas nas periferias das capitais também. De repente, as testemunhas dessa situação extrema que colocava o país como um dos grandes agentes negligenciadores dos direitos fundamentais ganham vozes, rostos, nomes. Do ponto de vista comunicacional, lidar com o testemunho daqueles que estão invisíveis na mídia demanda uma ética da escuta que implica o desafio de sua partilha:

- - - - -

8   Para assistir ao documentário, consulte Jornal Nacional (2001).

Como fazer justiça àqueles que ainda estão silenciados? Como deixar que a testemunha preste o seu próprio testemunho? Como o próprio jornalista afirma em artigo publicado posteriormente, brigar por uma pauta justa é uma das prerrogativas mais nobres da profissão de jornalista (Canellas, 2008, p. 114). Transformar temas caros aos direitos humanos em notícia, como o combate à pobreza, ao trabalho escravo e ao trabalho infantil, a violência urbana, a concentração de renda e de terras improdutivas etc., tudo depende do recorte e da abordagem proposta pelo jornalista e da disposição deste para lutar por ela. O próprio Canellas teve de convencer seus chefes da empreitada de bancar aquilo que seria um antifuro jornalístico em um processo de negociações que durou quatro anos.

Acima de tudo, os meios de comunicação têm um papel coformativo, ou seja, eles coinstituem a vida democrática.

O objetivo desse exemplo é ilustrar a possibilidade de efetivação de um jornalismo humanizado dentro de uma grande empresa de mídia. É necessário, portanto, conhecer as regras do jogo e ir além dos limites do denuncismo das violações. A formação de jornalistas deve levar isso em consideração, já que comumente repórteres iniciantes são alocados em editorias policiais e de cidades, exatamente as que precisam de uma sensibilidade mais elaborada do profissional para as questões humanitárias.

Conhecer o sistema de produção de notícias e as regras do jogo midiático também é um fator essencial para o trabalho das ONGs que atuam em defesa dos direitos humanos. A profissionalização de suas assessorias deve almejar a produção dos meios necessários para despertar o interesse dos pauteiros das grandes redações. Exemplos positivos de agendamento do debate público para as questões dos direitos fundamentais são os conduzidos pela Anistia Internacional e pela *Human Rights Watch*, as duas maiores ONGs internacionais que produzem estudos e relatórios sobre as violações à DUDH com o intuito de denunciar e pressionar a comunidade internacional para a melhoria das condições humanas em diversas partes do globo.

Perguntas & respostas

O que é a Anistia Internacional?

A Anistia Internacional (anistia.org.br) foi fundada em 1961 em Londres (também o local de sua sede) pelo advogado inglês Peter Benenson, depois de este se cansar de ler em jornais diversos casos de tortura e repressão violenta de governos contra pessoas politicamente dissidentes. Além da organização de pesquisas sobre violações de direitos humanos no mundo, a Anistia Internacional também atua em ações de relações públicas e faz *lobby* para pressionar governos. Entre diversas outras ações, também organiza ações de coleta de assinaturas para petições e abaixo-assinados em defesa da DUDH, dos pactos e dos tratados internacionais.

O que é a Human Rights Watch?

A Human Rights Watch (www.hrw.org) foi fundada em 1978 com o nome *Helsinki Watch* para documentar o cumprimento da Declaração de Helsinque pela União Soviética e para apoiar grupos soviéticos de direitos humanos. A ONG se financia exclusivamente por doações de indivíduos e fundações, rejeitando categoricamente a ajuda financeira de governos nacionais. Seu maior campo de influência está na elaboração dos relatórios anuais de direitos humanos, nos quais emite pareceres e denuncia violações aos direitos fundamentais elencadas por país.

••

Essas ONGs nos ensinam que é preciso acompanhar o desdobramento dos casos relatados e cobrar das instituições – tanto públicas quanto privadas. Daí a importância também de haver mídias alternativas e de redes de apoio de cobertura social para a proposta de uma comunicação humanitária, já que, a princípio, elas não estariam sujeitas a interesses empresariais ou governamentais.

Como vimos no decorrer deste capítulo, a aproximação entre jornalismo e entretenimento, na mistura perniciosa entre interesses públicos da imprensa e interesses privados da empresa, que só busca a otimização dos lucros a qualquer custo, tem como consequência o distanciamento da cobertura midiática da realidade daqueles que foram desprovidos dos próprios direitos. Abrir um espaço possível para que vozes silenciadas reverberem: eis o primeiro desafio para um jornalismo mais humano.

Para saber mais

ANDI – Agência de Notícias dos Direitos da Infância. Mídia & Direitos Humanos. Coordenação: Veet Vivarta. Pesquisa: Guilherme Canela. Brasília: Andi; Secretaria Especial dos Direitos Humanos; Unesco, 2006.

Esse livro reúne um material abrangente sobre o papel da mídia para a promoção dos direitos humanos.

BALABANOVA, E. The Media and Human Rights: the Cosmopolitan Promise. New York: Routledge, 2015.

Nesse livro de Ekaterina Balabanova empreende uma série de estudos de casos da cobertura midiática em situações de guerra e intervenções humanitárias da ONU, como na guerra do Kosovo (em 1999) e da Líbia (em 2011), ou, ainda, sobre a cobertura midiática de casos de tortura, como em Abu Ghraib.

GIES, L. Mediating Human Rights: Media, Culture and Human Rights Law. New York: Routledge, 2015.

Leia esse livro se seu interesse é por um estudo sobre o enquadramento jornalístico dos direitos humanos.

SHAW, I. S. Human Rights Journalism Advances in Reporting Distant Humanitarian Interventions. New York: Palgrave Macmillan, 2012.

Ibrahim Seaga Shaw, um dos maiores estudiosos de jornalismo humanitário, escreveu essa obra que, além de buscar uma definição para o conceito, traz uma série de estudos comparativos da cobertura jornalística e a capacidade de reportar a violência física e psicológica em situações extremas de desrespeito aos direitos humanos.

Síntese

Neste terceiro capítulo, você pôde verificar as violações aos direitos humanos mais comuns cometidas pela imprensa. Também tomou conhecimento do formato televisivo e radiofônico que mais comete violações aos direitos fundamentais no Brasil, os chamados *programas policialescos*. No decorrer do texto, você aprendeu sobre marcos legais para controle e regulação do mercado – ainda desregulamentado – de mídia no país. Também refletiu sobre os limites do argumento da liberdade de expressão e suas relações perniciosas com a chamada *liberdade de "empresa"*, com o intuito de traçar uma linha entre a censura e a responsabilização ética e criminal daquilo que é expresso nos meios de informação e entretenimento. Por fim, você pôde acompanhar alguns caminhos possíveis para uma redefinição do jornalismo com base no compromisso com uma pauta humanitária, muito mais próxima dos ideais de liberdade e responsabilidade social que instauraram os escritos éticos e deontológicos do profissional de comunicação.

Questões para revisão

1. Considerando o alinhamento do Código de Ética dos Jornalistas Brasileiros com a gramática internacional dos direitos humanos, marque a alternativa incorreta:
    a) Matérias que atingem a dignidade humana, desconsideram a presunção de inocência e divulgam dados e imagens de

crianças ou adolescentes vítimas de um crime ofendem o Código de Ética dos Jornalistas.

b) O art. 6º do Código de Ética determina como dever do jornalista a defesa dos princípios expressos na Declaração Universal dos Direitos Humanos.

c) A condição de existência de uma imprensa livre só pode ser garantida se observado o conjunto de direitos comunicacionais constituídos durante os dois últimos séculos.

d) O Código de Ética dos Jornalistas Brasileiros é coativo e implica sanções e penas legais ao jornalista que ferir seus princípios.

2. Sobre as formas mais frequentes de violação dos direitos fundamentais perpetrados pela imprensa brasileira, marque V para as afirmações verdadeiras e F para as falsas:

( ) A divulgação de crimes sem apuração, provas ou julgamento assujeita pessoas ao imenso potencial estigmatizante dos meios de comunicação.

( ) A emergência e a proliferação de programas definidos como "policialescos" em vários estados do país auxiliaram na ampla divulgação dos direitos humanos e da importância da defesa destes pela sociedade brasileira.

( ) Um evento exemplar de violação sistemática dos direitos humanos no Brasil e perpetrado, ao mesmo tempo, por várias empresas de comunicação foi o conhecido Caso da Escola Base.

( ) A identificação de vítimas, acusados e suspeitos está naturalizada no jornalismo brasileiro.

3. Sobre o trabalho jornalístico de temas relacionados aos direitos humanos, assinale a afirmação incorreta:
   a) Um dos maiores desafios colocados à questão do relato dos direitos fundamentais na mídia é o modo de transformar fato em notícia, já que muitas das violações aos direitos humanos e das condições de desigualdade e exclusão foram naturalizadas pela sociedade brasileira.
   b) A cobertura jornalística de temas caros aos direitos humanos depende de sua atualidade e novidade. As chamadas *pautas frias* devem ser ignoradas.
   c) Para o exercício do jornalismo responsável/humanizado, é indispensável conhecer as regras do jogo jornalístico e ir além dos limites do denuncismo das violações dos direitos humanos.
   d) O jornalista também deve permanecer vigilante à própria produção e à própria retórica jornalística, já que muitas violações aos direitos fundamentais são cometidas diariamente por jornais brasileiros.

4. Na legislação brasileira já há mecanismos para a criminalização de violações aos direitos humanos propagadas pelos meios de comunicação. Cite alguns.

5. De acordo com o que foi lido e discutido durante este capítulo, o que seria um jornalismo responsável (humanizado)?

Questões para reflexão

1. Reflita sobre o "paradoxo da tolerância" discutido no decorrer deste capítulo. Qual é a relação desse paradoxo com o tema "mídia e direitos humanos"?

2. Como discutimos, a principal função da imprensa é dar visibilidade. Para que algo se torne público, à vista de todos, é necessário que ele surja no espaço público. Isso pode ser considerado o princípio publicístico do jornalismo. Qual é a relação desse princípio com o debate em torno dos direitos humanos?

Capítulo
04

Direitos humanos, jornalismo e meio ambiente

Conteúdos do capítulo:

- A questão ambiental no jornalismo.
- Fundamentos dos direitos ambientais.
- O discurso da sustentabilidade e o jornalismo.
- Problemas e desafios do jornalismo ambiental.

Após o estudo deste capítulo, você será capaz de:

1. situar o campo de atuação do jornalismo ambiental;
2. compreender os problemas e desafios do jornalismo ambiental;
3. indicar alguns marcos legais sobre o meio ambiente relevantes ao jornalismo.

Nos capítulos anteriores, vimos alguns dos elementos essenciais para a compreensão de um jornalismo e de uma comunicação mais humanizados. Das origens e dos princípios dos direitos humanos até a emergência da comunicação na condição de problema dos direitos fundamentais, o objetivo até aqui foi o de fornecer uma base mais ampla para o desenvolvimento de estudos jornalísticos e comunicacionais específicos sobre suas relações com os direitos humanos.

Em um momento histórico em que políticas pós-factuais ganham mais visibilidade; no qual o debate político é dominado por aqueles que simplesmente negam os saberes científicos para fazer valer suas ideologias sobre os fatos mediante disseminação algorítmica de mentiras; no qual políticos são eleitos com um discurso de ataque direto aos direitos fundamentais, aos direitos adquiridos (a duras penas) por grupos de migrantes, mulheres, indígenas, quilombolas, gays, pessoas trans, entre muitos outros grupos de pessoas mais vulneráveis (porque carecem de representatividade política e social), pesquisas situadas na encruzilhada entre os direitos humanos e os estudos mediais e comunicacionais são mais urgentes do que nunca. Diante de vários temas humanitários candentes e necessários, este último capítulo busca delinear pelo menos um desses *fronts* sob o ataque do discurso negacionista com base na perspectiva dos estudos de jornalismo: a relação entre a comunicação, as crises e os crimes ambientais. O objetivo aqui, então, é triplo: mapear o surgimento de uma nova categoria de direitos dentro da gramática dos direitos humanos; mostrar como o jornalismo pode (ou não) contribuir para a implementação e a defesa dessa categoria; e exemplificar uma possibilidade de caminho para pesquisas comunicacionais sobre um grupo específico de direitos fundamentais.

4.1
Jornalismo e catástrofe: por um jornalismo ambiental

Março de 2011. Três reatores nucleares da usina Fukushima Daiichi (Fukushima I) em Ōkuma, Japão, derreteram após a planta ser atingida por um *tsunami* provocado um terremoto de alta magnitude. A catástrofe atingiu o nível mais alto na escala de sete níveis do *International Nuclear and Radiological Event Scale* (Ines), tendo sido considerada o segundo pior acidente nuclear da história, atrás apenas de Chernobil. Os efeitos do material radioativo despejado no solo e no Oceano Pacífico ainda são desconhecidos. E, embora não tenha havido vítimas por exposição à radiação logo após o incidente, mais de quinze mil pessoas morreram por conta do terremoto e do *tsunami*.

Novembro de 2015. Após o rompimento de uma barragem de rejeitos de minério da empresa Samarco no município de Mariana, em Minas Gerais, milhões de metros cúbicos de lama contaminada arrasaram diversos municípios, matando dezenove pessoas e deteriorando a Bacia do Rio Doce. Os prejuízos ao meio ambiente, desde a contaminação do solo e das águas até o extermínio de boa parte da fauna e da flora, devem perdurar por, pelo menos, uma centena de anos.

Janeiro de 2019. Rompimento de uma barragem de rejeitos de mineração em Minas Gerais, dessa vez no município de Brumadinho. Mais de 270 pessoas perderam suas vidas. Um mar de lama com onze milhões de metros cúbicos de dejetos tóxicos da mineradora Vale destruiu tudo em seu caminho até encontrar o Rio Paraopeba, que abastecia 40% da Região Metropolitana de Minas Gerais, tornando-o impróprio para uso. Mais de cem mil pessoas foram atingidas direta ou indiretamente pelo rompimento da barragem.

Esses são apenas alguns exemplos de acidentes ocorridos na última década, todos os quais nos chocaram pelos seus impactos humanitários e ambientais sem precedentes. O desespero e o trauma são condições que sempre desafiam nossas capacidades de entendimento e compreensão. São fatos que não se deixam relatar de maneira direta e objetiva. A complexidade dos acidentes e a quantidade de pessoas envolvidas escapam à narrativa jornalística e a suas limitações temporais, espaciais e estilísticas.

Para tentar apreender eventos tão aterradores, uma palavra é empregada insistentemente em manchetes e discursos jornalísticos: *tragédia*. Contudo, a retórica jornalística da tragédia é problemática.

Por mais que o termo faça alusão a uma situação extremamente dramática, a tragédia traz sempre a ideia de algo que não poderia ser evitado. Em sentido dramatúrgico, na Grécia Antiga, a tragédia traduzia o conflito fatídico do personagem principal. Por mais que ele lutasse contra uma premonição, seu fracasso era inevitável[1]. Outra palavra bastante empregada pelo jornalismo é *desastre*. Etimologicamente, ela é formada pela partícula de negação *dis-* e pela palavra latina *astrum*, que significa "estrela" (e, em sentido figurado, "destino", "fortuna"). De sua origem astrológica, como uma calamidade atribuída a uma posição desfavorável de um astro, o desastre pode ser entendido como *infortúnio*. Desastres são disparados pelo azar, pelo incontrolável da natureza, pelo imprevisível.

O problema da narrativa da tragédia e do desastre está na produção de um efeito contrainvestigativo. Diante da tragédia e do desastre, a responsabilização torna-se difusa. Abre-se um espaço para a imobilidade. Um jornalismo preocupado com questões humanas e ambientais busca sempre as causas de uma catástrofe. Ele pode ser traduzido como uma busca pela responsabilização e pela reparação daquilo que é, em última instância, irreparável: etimologicamente, *catástrofe* significa "virada", um evento após o qual não há mais como voltar ao que havia antes de sua ocorrência. As catástrofes ambientais e humanitárias demandam do jornalismo uma descrição e uma investigação insistentes dos fatos – o que inevitavelmente lança um desafio ao jornal diário.

---

1   Emblemático é o drama de Édipo, retratado na peça *Édipo Rei* de Sófocles, quem, mesmo fugindo de uma profecia medonha do oráculo de Delfos – matar o pai e casar-se com a mãe –, termina por concretizá-la.

Os rompimentos das barragens de Mariana e Brumadinho, por exemplo, não eram inevitáveis ou imprevisíveis. Eles foram o resultado de uma sucessão de decisões erradas e de negligências de empresas e governos em detrimento do bem-estar da população e da preservação do meio ambiente. Mas a palavra *crime* custou a ser escrita. Da editoria de meio ambiente à editoria policial há uma distância que demanda uma transformação das perguntas lançadas ao fato. É por isso que o trabalho de desvelamento do crime ambiental e humanitário transcende o rótulo de uma editoria. Nesse sentido, um jornalismo ambiental só é possível com base nos instrumentos do jornalismo investigativo, policial, econômico, político, cultural etc. Grandes catástrofes, quando devidamente apuradas, são normalmente tratadas em uma seção própria, como nos casos da calamidade em Mariana[2] ou mesmo da construção da Usina Hidrelétrica de Belo Monte[3]. Tal transversalidade e tal pluralidade de temas, portanto, só podem ser produzidas por jornalistas com formação humanística mais ampla. Muitos dos principais jornalistas do país, preocupados com causas ambientais, também atuam em diversas outras frentes dos direitos humanos[4].

Logo, sob uma perspectiva crítica e em relação direta às pautas e à agenda dos direitos humanos, o jornalismo ambiental deve ser

2   Como ilustração, vale a pena conferir a excelente cobertura do jornal *Folha de S.Paulo* (2015), intitulada *O caminho da lama*.
3   Confira, por exemplo, a cobertura sobre o tema feita pelo jornal *Folha de S.Paulo* (2013) e também pela série de reportagens da Pública (2020), agência de jornalismo investigativo.
4   Como referência, vale a pena conferir os trabalhos dos jornalistas Eliane Brum (elianebrum.com), Leonardo Sakamoto (blogdosakamoto.blogsfera.uol.com.br) e André Trigueiro (mundosustentavel.com.br).

mais que a veiculação de matérias e colunas sobre temas ligados à natureza e à preservação do meio ambiente. O adjetivo *ambiental* remete, antes de tudo, àquilo que habitamos juntos, ou seja, aquilo que concerne a todos nós. E esse *nós* não se refere apenas a um povo ou uma nação, porque as catástrofes e os crimes ambientais não reconhecem limites étnicos ou geopolíticos. Desenvolvimento sustentável, combate ao aquecimento global e aos crimes à natureza (desmatamento, contaminações de solos e água, poluição etc.) são efetivos principalmente sob uma perspectiva transnacional e de solidariedade entre os povos.

É na constituição de uma esfera comum de atuação e transformação que o jornalismo encontra suas raízes na comunicação humana. Como nos ensina a filósofa Hannah Arendt (2007, p. 57 ss.), o espaço público é um lugar de aparição que nos constitui como seres humanos. Somente quando os outros estão lá, ao nosso lado, ouvindo e vendo o que ouvimos e vemos, é que podemos tomar o mundo como real. O jornalismo, como formador daquilo que é público, faz com que um problema surja à vista de todos. Daí a importância do jornalismo ambiental: de fazer com que as catástrofes e os crimes ambientais apareçam como o que eles são de fato. Por isso, há uma batalha a ser travada dentro da própria linguagem jornalística. Um caso exemplar é a postura do jornal britânico

The Guardian, que alterou o próprio manual de redação em maio de 2019 para dar mais precisão às coberturas climáticas: no lugar de *climate change* (mudança climática), o jornal recomenda *climate emergency, crisis ou breakdown* (emergência, crise ou colapso climático) (Carrington, 2019).

Este último capítulo trata exatamente da formação dessa noção mais abrangente de jornalismo ambiental e de suas implicações práticas. Nosso próximo ponto é a discussão da ascensão dos direitos ambientais e do discurso ecológico a partir da gramática dos direitos humanos. Por fim, discutiremos os fundamentos e os desafios do jornalismo ambiental.

4.2
A emergência dos direitos ambientais

O título deste tópico é propositalmente ambíguo. A intenção aqui é tratar não apenas do desenvolvimento da questão ambiental dentro da formação histórica dos direitos humanos, mas também mostrar a urgência desse tema para o jornalismo em seu papel de fiscalização e responsabilização tanto de governos quanto de empresas com o intuito de defender ou promover políticas públicas ambientais.

Como você já deve ter notado, a palavra *meio ambiente* não aparece em nenhum dos artigos da Declaração Universal dos Direitos Humanos (DUDH) de 1948. Diferentemente dos direitos políticos, econômicos, sociais e culturais gestados pelo menos durante os dois últimos séculos, a questão ambiental só começou a se tornar evidente a partir da década de 1960 com o crescimento do discurso ecológico e do debate econômico em torno da sustentabilidade, como pontua o sociólogo ambientalista mexicano Enrique Leff (1998, p. 15). Um dos marcos da formação do discurso ambiental é a publicação, em 1962, do livro *Primavera silenciosa*. Escrito pela bióloga norte-americana Rachel Carson (2010), a obra rapidamente se tornou um *best-seller* ao denunciar o impacto ambiental do uso de pesticidas e seus efeitos no ar, na fauna, na flora, no solo e nas águas, impulsionando os movimentos ecológicos e ambientalistas em diversas partes do mundo.

Perguntas & respostas

Jornalismo ambiental e jornalismo ecológico são a mesma coisa?

Os termos *ecologia* e *meio ambiente*, por mais que sejam semelhantes, não podem ser tomados como sinônimos. A *ecologia* (do grego *oikos*, "casa", e *logos*, "estudo" – ou seja, algo como a "ciência da casa ou da morada") se estabeleceu como um campo científico, cuja origem conceitual é atribuída ao cientista alemão Ernst Haeckel (1988), com a publicação do seu livro *A morfologia geral dos organismos* (em 1866), no qual ela foi definida como uma ciência compreensiva das relações do organismo com o ambiente circundante. Meio ambiente, portanto, é um conceito mais amplo. Como bem ressaltou o cientista Kurt Kloetzel, em seu conhecido livro introdutório *O que é meio ambiente* (1994), ele seria a própria morada ou o ecossistema no qual as relações entre organismos ocorrem. Logo, o termo não se refere apenas à natureza, mas também ao espaço comum (natural e simbólico) compartilhado entre todos os seres. Com isso, o adjetivo *ambiental* seria mais preciso que *ecológico* para descrever um tipo de jornalismo preocupado com a publicização de questões derivadas da relação mais geral entre os seres vivos (incluindo os humanos) e seus meios de convivência e partilha. Na prática, entretanto, os termos *jornalismo ecológico* (ou *ecojornalismo*) e *jornalismo ambiental* são empregados de maneira indistinta. Mais relevante para uma classificação de especializações jornalísticas são, por exemplo, as delimitações entre jornalismo científico (no caso das fontes consultadas), jornalismo engajado (no caso de uma cobertura ativista) ou mesmo jornalismo sustentável (se a publicação utilizar bases da economia sustentável na produção e na distribuição).

Outro marco importante dessa década foi a criação, em 1968, do chamado *Clube de Roma*[5], uma associação sem fins lucrativos de especialistas das mais diferentes disciplinas e de mais de trinta países fundada pelo industrial italiano Aurelio Peccei, então membro dos conselhos executivos da Fiat e da Olivetti, e pelo cientista escocês Alexander King, então diretor de ciência, tecnologia e educação da Organização para Cooperação e Desenvolvimento Econômico (OCDE). O Clube de Roma foi um dos responsáveis pelo agendamento da sustentabilidade na economia capitalista. Em 1972, a associação publicou, em conjunto com o Massachusetts Institute of Technology (MIT), o relatório *Limites do Desenvolvimento*, que previa a escassez dos recursos naturais em razão do acelerado

---

5   Para um estudo acadêmico sobre o Clube de Roma, cf. Suter (1999).

crescimento populacional e industrial e alertava sobre os riscos à economia globalizada (Meadows et al., 1972). A pesquisa concluía que, se o aumento atual da população mundial, a industrialização, a poluição, a produção de alimentos e a exploração dos recursos naturais continuarem sem interrupção, os limites absolutos de crescimento no planeta seriam alcançados nos próximos cem anos[6].

Nesse mesmo ano o direito ambiental entrou de vez na formação histórica oficial dos direitos humanos, mais precisamente durante a Conferência das Nações Unidas sobre Meio Ambiente Humano, em Estocolmo, na Suécia. Um dos principais resultados desse evento foi a publicação da Declaração de Estocolmo sobre o Ambiente Humano[7] e a criação do Programa das Nações Unidas para o Meio Ambiente (Pnuma, também chamado de ONU Meio Ambiente)[8], órgão responsável pela coordenação das ações da Organização das Nações Unidas (ONU) em defesa do meio ambiente e de fomento a um desenvolvimento sustentável. Já em seu Princípio nº 1, a Declaração de Estocolmo coloca o direito ambiental como um direito humano fundamental:

> O homem tem o direito fundamental à liberdade, à igualdade e ao desfrute de condições de vida adequadas em um meio ambiente de qualidade tal que lhe permita levar uma vida digna e gozar de bem-estar, tendo a solene obrigação de

---

6 Para ler o relatório em inglês, cf. Meadows et al. (1972).
7 Para ter acesso à tradução em português, cf. Conferência das Nações Unidas sobre o Meio Ambiente Humano (1972).
8 Página oficial da UNEP – UN Environment Programme: <https://unenvironment.org/>.

proteger e melhorar o meio ambiente para as gerações presentes e futuras. (Conferência..., 1972)

Do ponto de vista da DUDH de 1948, a Declaração de Estocolmo pode ser considerada um desdobramento consequente do art. 25, que trata do direito à vida que assegure a saúde e o bem-estar do indivíduo. Dentre outros principais marcos históricos do direito internacional sobre meio ambiente, estão a Declaração sobre o Direito ao Desenvolvimento (1986)[9]; o Protocolo Adicional à Convenção Americana de Direitos Humanos em matéria de Direitos Econômicos, Sociais e Culturais (Protocolo de San Salvador, de 1988) (Brasil, 1999)[10]; a Constituição Federal brasileira de 1988, que, no art. 225, afirma que todos os cidadãos brasileiros "têm direito ao meio ambiente ecologicamente equilibrado, bem de uso comum do povo e essencial à sadia qualidade de vida, impondo-se ao Poder Público e à coletividade o dever de defendê-lo para as presentes e futuras gerações" (Brasil, 1988); a Declaração do Rio sobre o Meio Ambiente e

---

9   Adotada pela Assembleia Geral da ONU em 1986, o documento submete o desenvolvimento aos direitos fundamentais e ressalta o papel do ser humano nos processos de desenvolvimento (Assembleia Geral das Nações Unidas, 1986).
10 O Protocolo visa obrigar os países signatários (o Brasil incluído) a assegurar aos seus cidadãos o direito de viver em meio ambiente sadio e de contar com serviços públicos básicos.

o Desenvolvimento (1992)[11]; a Convenção n. 169 da Organização Internacional do Trabalho (de 1989 e promulgada no Brasil em 2004)[12] – para citar apenas alguns.

Entretanto, assim como os demais direitos fundamentais, os direitos ambientais ainda aguardam efetivação, mesmo após quase sessenta anos de avanços legais e constitucionais[13] e com um agravante: em razão do próprio caráter transnacional do meio ambiente, não é suficiente que um ou uns poucos países, estados ou cidades reduzam seus índices de emissão de carbono, reciclem seu lixo, diminuam o nível de poluição das águas, do solo e do ar, promovam uma redução no consumo e o saneamento básico integral. As decisões para o enfrentamento de problemas ambientais e climáticos devem ser comuns, ou seja, definidas entre os povos – e aí temos um obstáculo difícil de ser superado sem que a imprensa desempenhe também um papel pedagógico de formação e sensibilização da opinião pública para catástrofes que concernem a todos nós.

No âmbito da ONU, desde a Conferência de Estocolmo, a finitude dos recursos e a necessidade de repensar os modelos de crescimento

---

11 A Declaração foi assinada na Eco-92, a Conferência da ONU sobre o Meio Ambiente e o Desenvolvimento realizada vinte anos depois da Conferência de Estocolmo e sediada no Rio de Janeiro. O documento contém 27 princípios para promover o desenvolvimento sustentável. O texto está disponível e pode ser consultado em: <https://pt.wikipedia.org/wiki/Declaração_do_Rio_sobre_Meio_Ambiente_e_Desenvolvimento>. Entre outros documentos importantes promulgados durante a Eco-92, estão: a Carta da Terra; a Convenção sobre Diversidade Biológica; a Convenção das Nações Unidas de Combate à Desertificação; a Convenção-Quadro das Nações Unidas sobre a Mudança do Clima; a Declaração de Princípios sobre Florestas; e a Agenda 21.
12 Convenção na qual os países signatários se comprometem, entre outras coisas, a preservar o meio ambiente dos povos nativos (Brasil, 2004).
13 De acordo com a ONU, os direitos ambientais já foram incluídos nas constituições de mais de cem países (Unep, 2020).

industrial e agrícola são debatidas. E, mesmo durante esse evento, vários países membros recusaram restrições ou controles externos sobre seus projetos de desenvolvimento, completamente dependentes de recursos naturais não renováveis, como a mineração, cuja exploração causa um enorme impacto ambiental. Além disso, a recusa ao controle internacional perdura até hoje, mesmo após tentativas de acordos transnacionais – como o Protocolo de Quioto[14] e o Acordo de Paris[15] – e depois das comprovações científicas dos limites do crescimento: a finitude dos combustíveis fósseis, para citar um exemplo, já havia sido confirmada em 1973, um ano após a Conferência de Estocolmo. Até hoje o mundo carece de uma efetiva virada energética.

14 Criado em 1997 e implementado em 2005, o Protocolo de Quioto à Convenção-Quadro das Nações Unidas sobre Mudança do Clima estabeleceu, pela primeira vez, metas internacionalmente vinculativas para as emissões de carbono e outros gases que aumentam o efeito estufa, considerado a principal causa do aquecimento global. Cerca de 190 países assinam o Protocolo de Quioto, com exceção dos Estados Unidos e também do Canadá – este último anunciou a retirada do acordo em 2011. Entre o chamado *primeiro período de compromisso* (2008-2012), o protocolo prescreveu que os países industrializados participantes deveriam reduzir suas emissões anuais de gases de efeito estufa em uma média de 5,2% em relação ao nível de 1990. Para os países emergentes e em desenvolvimento, não houve montantes fixos de redução. Contudo, embora as taxas de redução tenham sido alcançadas, elas não foram suficientes. Para um gráfico com as perdas e os ganhos do protocolo, confira (em inglês) o infográfico publicado por InfoProduct Review (2020).
15 Assinado por todos os países membros da ONU, com exceção dos Estados Unidos, o Acordo de Paris foi criado em 2015, durante a Conferência da ONU sobre Mudanças Climáticas em Paris, como o principal sucessor do Protocolo de Quioto. Entretanto, mesmo prescrevendo a limitação do aquecimento global causado pelo homem para abaixo de 2 °C em comparação com os níveis pré-industriais, ele não estabelece metas obrigatórias de emissão de gases causadores do efeito estufa.

4.3 Sustentabilidade e discurso jornalístico

Sustentabilidade, mais do que um conceito, opera como um tipo de denominador comum para a ação de governos e sociedade civil em tópicos tão distintos como aquecimento global, degradação da fauna e da flora, limites do crescimento industrial e do consumo. Espécie de selo que divide empresas e governos entre "bons" e "maus", ser sustentável tornou-se sinônimo de engajamento com problemas ambientais e de uma atitude voltada à preservação ecológica. Dificilmente alguém argumentaria que a sustentabilidade é algo ruim. É exatamente por conta de sua unanimidade que o discurso jornalístico deveria ficar atento à construção e à aplicação desse conceito.

O termo possui uma longa história[16], cuja primeira aparição remonta às origens das ciências florestais, com o cientista alemão Hans Carl von Carlowitz, quem, no livro *Sylvicultura oeconomica*, de 1713, definiu o princípio de sustentabilidade como um uso constante e renovável da terra para o manejo florestal. No discurso oficial dos direitos humanos, o termo surgiu em 1987, no documento Nosso Futuro Comum, elaborado pela Comissão Mundial sobre Meio Ambiente e Desenvolvimento da ONU, sob presidência da diplomata e médica norueguesa Gro Harlem Brundtland (por isso também ficou conhecido como *Relatório Brundtland*). O documento,

---

16   Para uma crítica do termo *sustentabilidade*, com base em suas dimensões sócio-históricas, cf. Bonfiglioli (2012).

que pautou os debates ambientais da ONU na década seguinte, como na Rio-92, definiu o desenvolvimento sustentável como "um desenvolvimento que atende às necessidades do presente sem comprometer a capacidade das gerações futuras de atender suas próprias necessidades" (World Commission...,1987)[17].

De acordo com o agrônomo e economista José Eli Veiga (2006), um dos principais estudiosos em desenvolvimento sustentável no país, o *Relatório Brundtland* trouxe, acima de tudo, um conceito político e econômico de sustentabilidade. Em suas palavras, essa expressão surgiu de um debate norte-americano da década de 1960 que "polarizou 'crescimento econômico' *versus* 'preservação ambiental', inteiramente impregnado por um temor apocalíptico da 'explosão demográfica', mesclado ao perigo da guerra nuclear ou da precipitação provocada pelos testes" (Veiga, 2006, p. 113). Como explica o próprio Veiga (2006), o conceito de sustentabilidade ainda estaria em construção, particularmente por defender a necessidade de emergência de um novo paradigma tecnocientífico, capaz de superar um modelo exploratório de globalização, já que não adiantaria manter uma economia sustentável em países ricos enquanto estes exploram de maneira predatória os recursos dos países periféricos.

Mais ainda, como defende o economista polonês Ignacy Sachs (1993)[18], o desenvolvimento sustentável dependeria da conjunção de diversas dimensões, não apenas a econômica (referente à

---

17   Todas as traduções de citações de livros em línguas estrangeiras, quando não referenciadas as obras em português, são de nossa autoria.
18   Sachs trabalhou na organização da Conferência de Estocolmo em 1972 e, na ocasião, propôs o conceito de ecodesenvolvimento, que anos depois viria a se chamar *desenvolvimento sustentável*.

gestão eficiente dos processos de exploração de recursos). Para Sachs (1993), a sustentabilidade deve ser também ecológica (conservação dos recursos naturais incorporados à atividade de produção), ambiental (conservação e recomposição dos ecossistemas após agressão humana), social (o desenvolvimento sustentável deve promover a melhoria da qualidade de vida pela universalização do saneamento básico, da habitação, da saúde e da educação) e política (participação dos cidadãos nos processos de desenvolvimento). É com base na conjunção desses fatores que o debate em torno da sustentabilidade atinge diversos aspectos da vida em sociedade – o que torna o seu agendamento pela imprensa muito mais efetivo, pois o desenvolvimento sustentável deixaria de ser exclusivo das editorias de economia e ciência.

A partir da década de 1990, o uso do termo começou a se tornar inflacionário. Entretanto, o emprego indiscriminado do conceito de sustentabilidade, como uma espécie de rótulo principalmente mercadológico, retirou a atenção aos problemas reais e urgentes da crise ambiental. Como alertou ainda no início daquela década o cientista político britânico Michael Jacobs (1996, p. 125), o conceito pode encobrir práticas predatórias, já que ele não implicaria necessariamente um comprometimento – com medidas verificáveis de proteção ambiental – de governos e empresas. Além disso, as crises ambientais são sentidas de maneira desigual, até mesmo porque os benefícios e os custos da degradação são partilhados de modo desigual entre os povos. O que é sustentável em um lugar pode estar provocando a degradação na outra ponta do processo. É exatamente mediante a identificação das relações distributivas de perdas e ganhos da cadeia de produção e ação humana que o conceito de sustentabilidade ganha relevância. Nas palavras de Jacobs (1996, p. 126), a "sustentabilidade é o compromisso com alguma forma de equidade intergeracional, ou justa distribuição dos benefícios e custos entre as gerações".

Do ponto de vista jornalístico, tal definição pode servir de parâmetro investigativo: No que se ampara o rótulo de sustentabilidade colado a um produto, uma empresa ou uma política pública? Esse gesto acentua uma distinção entre jornalismo "sobre" o meio ambiente, baseado em fontes oficiais, e o jornalismo ambiental, de linhagem investigativa e vinculada às pautas dos direitos humanos. A pluralização das vozes pela análise sistêmica de uma alegada sustentabilidade é sua própria condição prática. É por esse motivo que o jornalismo ambiental não pode facilmente se libertar de suas relações tanto com o jornalismo investigativo quanto com o científico, já que as pesquisas fornecem ferramentas para o desmonte das violações aos direitos ambientais que podem permanecer encobertas pelo chamado *marketing verde* (ou *ecomarketing*).

Como conceito, o *marketing* ambiental dá forma a um amplo espectro de atividades que buscam a divulgação e a comercialização de produtos que não agridam o meio ambiente ou que até mesmo auxiliem na preservação dele. Entretanto, enquanto prática, o uso excessivo do conceito não apenas desfoca o debate em torno da crise ambiental, como também pode induzir o consumidor ao engano em razão do emprego abusivo de selos "verdes" sem qualquer fiscalização estatal.

4.4
Os desafios do jornalismo ambiental

Do ponto de vista do jornalismo nacional, o *marketing* verde desempenha um papel de protagonista, pelo menos desde o período de expansão do jornalismo ambiental como especialização no Brasil, particularmente após a Eco-92[19]. Ao estudar esse período da década de 1990, o pesquisador e especialista em comunicação ambiental Luís Fernando Angerami Ramos (1996) notou que o aspecto econômico é prioritário na pauta jornalística diária, cujas fontes dificilmente estão ligadas a movimentos sociais, organizações não governamentais (ONGs), universidades e centros de pesquisa.

Esse é um problema que poderia ser compreendido como a "síndrome do muro alto", pois o debate ambiental é despolitizado ao se separar a perspectiva empresarial das perspectivas sociocultural e política. Esse termo foi proposto pelo cientista da comunicação Wilson da Costa Bueno (2007b, p. 37-38), ao delimitar cinco síndromes do jornalismo ambiental brasileiro. As outras quatro seriam a "síndrome do *zoom* ou do olhar vesgo" (a fragmentação da cobertura reduz o aspecto plural das pautas ambientais); a "síndrome da lattelização das fontes" (em referência à plataforma de currículos acadêmicos Lattes, que descreve a priorização de fontes especializadas, em detrimento das pessoas que sofrem os efeitos dos problemas ambientais, como uma população ribeirinha ou o pequeno

---

19 Para uma história e uma contextualização do jornalismo ambiental brasileiro, cf. Belmonte (2017); Girardi, Camana e Loose (2015); Girardi e Schwaab (2008); Girardi et al. (2018).

agricultor); a "síndrome das indulgências verdes" (esta sim fazendo referência direta ao *marketing* verde e sua tentativa de melhorar a imagem de empresas que cometem crimes ambientais); e, por fim, "a síndrome da baleia encalhada" (ou seja, a espetacularização de problemas ou catástrofes ambientais, muito próximo da retórica da tragédia que havíamos discutido no início deste capítulo, que impossibilita a mobilização social para questões ambientais).

Enquadramento majoritariamente econômico, tecnológico ou empresarial, fragmentação, sensacionalismo e uso quase exclusivo de fontes oficiais e de especialistas. Além dessas cinco síndromes delineadas por Bueno (2007b), há outros grandes desafios ao jornalismo ambiental em tempos de redes sociais digitais: a crise de confiança no saber e no testemunho jornalístico, além da desinformação provocada pela proliferação acelerada de boatos, teorias conspiratórias e notícias falsas.

Por exemplo, durante quase sessenta anos de história do agendamento ambiental pelo direito internacional, uma infinidade de pesquisas, estudos e relatórios científicos foi produzida para testar e comprovar as teses de degradação acelerada do meio ambiente e dos efeitos do aquecimento global[20]. Entretanto, ainda hoje escutamos figuras públicas com poder de decisão sobre os rumos

---

20   O termo foi cunhado em 1975 por Wallace S. Broecker em seu artigo *Climatic Change: are we on the brink of a pronounced global warning?*, publicado na Revista *Science*.

da proteção ambiental no mundo que negam a crise climática de forma perigosa[21].

Correntes negacionistas, anti-intelectuais e antirracionais – que sustentam movimentos terraplanistas, antivacinas, afirmam que o nazismo foi um governo de esquerda, dizem que diretos humanos são frutos da ideologia comunista, para ficamos apenas com alguns exemplos – representam aquilo a que o jornalismo humanizado deve se contrapor prontamente, com uma cobertura abrangente para trazer dados históricos, científicos e relatos testemunhais capazes de demonstrar o quão frágeis e infundados são esses argumentos. O desafio lançado ao jornalista é o de ter a sensibilidade para discernir que, em determinados momentos, não há dois lados de um mesmo fato, mas sim uma falácia entreposta entre os fatos e suas perspectivas. É pela apuração crítica que o jornalismo assume seu papel democrático de informação enquanto formação.

Outra frequente síndrome do jornalismo ambiental é o de pesar a balança da responsabilidade de uma postura sustentável mais para o lado da população em geral, muitas vezes deixando incólume o papel dos governos, da indústria e do agronegócio no uso racional dos recursos. Para citarmos um exemplo: qual é o impacto real da economia de água durante o banho no chuveiro se comparado ao desperdício público de água nas cidades (como canos estourados) ou ao consumo de grandes empresas, que, apesar de gastarem

---

21 Como o presidente dos Estados Unidos, Donald Trump (Nuccitelli, 2018), ou o próprio Ministério do Meio Ambiente sob a presidência de Jair Bolsonaro, no Brasil (Folha de S.Paulo, 2019).

muito mais do que um consumidor médio, conseguem isenções ou descontos nas contas de água? Por esse motivo, o jornalista ambiental tanto depende de uma visão sistêmica em sua formação e da rede de relações que compõem um fato – tal como defende o pioneiro na criação da disciplina de jornalismo ambiental, o jornalista André Trigueiro (2012) – quanto demanda uma postura de engajamento, próprio do jornalismo humanizado: "o jornalismo ambiental precisa ter um caráter revolucionário, comprometido com a mudança de paradigmas, deve enxergar além das aparências e não ser complacente com aqueles que se apropriaram da temática ambiental" (Bueno, 2007a, p. 17).

Com base nesses princípios, podemos pensar nas funções básicas do jornalismo ambiental pela tríade também proposta pelo professor Wilson da Costa Bueno (2007b, p. 35-36): informativa, pedagógica e política. A defesa do interesse público e o compromisso com os direitos fundamentais não apenas devem servir de norte na obrigação de formar a opinião pública por meio de informações sólidas e verificadas sobre temáticas ambientais, mas também orientar a investigação das causas e dos responsáveis por catástrofes e crimes, além de incentivar a busca por soluções para problemas ambientais. Por fim, a função política do jornalismo ambiental é definida não em sentido partidário, mas no potencial

O desafio lançado ao jornalista é o de ter a sensibilidade para discernir que, em determinados momentos, não há dois lados de um mesmo fato, mas sim uma falácia entreposta entre os fatos e suas perspectivas. É pela apuração crítica que o jornalismo assume seu papel democrático de informação enquanto formação.

de mobilizar pessoas e grupos para mudanças de hábitos ou para o engajamento em projetos de promoção dos direitos ambientais e humanos. Desenvolvimento sustentável, saneamento básico, crimes ambientais, recursos hídricos, ações sustentáveis de ONGs, empresas e governos, descobertas científicas, políticas públicas, reforma agrária, agroecologia, estudos sobre agrotóxicos, biodiversidade, crescimento desordenado das cidades... por mais diversas que sejam as pautas, o que define o ponto de partida para o jornalismo ambiental pensado na sua relação com os direitos humanos é o sentido mais fundamental da sua adjetivação: o habitar comum e seu tear de existências.

Para saber mais

ABREU, M. S. de. Quando a palavra sustenta a farsa: o discurso jornalístico do desenvolvimento sustentável. Florianópolis: Ed. da UFSC, 2006.
Confira essa obra para acompanhar uma investigação crítica sobre o sentido mercadológico da palavra *sustentabilidade* encoberta pelo jornalismo ambiental.

BUENO, W. da C. Comunicação, jornalismo e meio ambiente: teoria e pesquisa. São Paulo: Mojoara, 2007.
Esse livro coloca o jornalismo ambiental não apenas em perspectiva conceitual, mas também – e principalmente – histórica. A obra é o mais completo panorama brasileiro do jornalismo ambiental como teoria e prática. Além disso, traz uma crítica sobre os principais

problemas das coberturas dos temas ambientais e elenca alguns dos profissionais mais relevantes da área, com entrevistas e perfis.

TRIGUEIRO, A. Mundo sustentável 2: novos rumos para um planeta em crise. São Paulo: Globo, 2012.

Essa obra do jornalista André Trigueiro, além de ser um ótimo incentivo aos estudantes e iniciantes na carreira de jornalista ambiental, conta ainda com dicas de pautas para diversas editorias que tenham alguma intersecção com o meio ambiente.

Síntese

Neste último capítulo, você pôde acompanhar a definição de *jornalismo ambiental* com base no campo teórico e prático produzido pela relação entre comunicação e direitos humanos que apresentamos durante o livro. Você aprendeu inicialmente sobre a formação histórica e sobre os fundamentos teóricos dos direitos ambientais sob a perspectiva da gramática dos direitos humanos e do direito internacional. Em seguida, pôde ver uma discussão sobre os principais problemas e desafios do jornalismo ambiental. Nesse sentido, você obtêve uma visão geral do campo de atuação dessa especialidade do jornalismo que ultrapassa o espaço de uma editoria e se afirma como um importante campo de atuação para o jornalismo humanizado.

Questões para revisão

1. Sobre a emergência dos direitos ambientais na história de formação dos direitos humanos, assinale a alternativa incorreta:
   a) Os direitos ambientais não aparecem na DUDH, de 1948. A questão ambiental só começou a se tornar evidente a partir da década de 1960, com o crescimento do discurso ecológico e do debate econômico em torno da sustentabilidade.
   b) Em 1972, o direito ambiental foi tratado de forma decisiva pelo Sistema da ONU durante a Conferência das Nações Unidas sobre Meio Ambiente Humano, em Estocolmo, na Suécia.
   c) Com a Declaração de Estocolmo, o meio ambiente foi compreendido pela primeira vez dentro da gramática dos direitos fundamentais. O texto pode ser considerado um desdobramento consequente do art. XXV da DUDH, que trata do direito à vida que assegure a saúde e o bem-estar do indivíduo.
   d) Durante os últimos cinquenta anos, os direitos ambientais foram sendo aplicados sistematicamente pelos países-membros da ONU, promovendo a melhoria da qualidade de vida e a preservação do meio ambiente na Terra.

2. Considerando o conceito de sustentabilidade, marque V para as afirmações verdadeiras e F para as falsas:
   ( ) O conceito de sustentabilidade, desde sua origem, com o trabalho do cientista alemão Hans Carl von Carlowitz, em

1713, já remetia à qualidade de uso racional e renovável de recursos.

( ) O debate sobre desenvolvimento sustentável foi impulsionado pela publicação, em 1972, do relatório *Limites do Desenvolvimento* pelo Clube de Roma.

( ) No discurso oficial dos direitos humanos, a sustentabilidade foi empregada pela primeira vez na Assembleia Geral da ONU, em 1948.

( ) Ao utilizar o termo *sustentabilidade*, governos e empresas se comprometem com metas verificáveis de preservação do meio ambiente impostas pela ONU.

3. Ponderando os problemas e desafios do jornalismo ambiental discutidos neste capítulo, assinale a alternativa incorreta:

a) Podemos resumir as principais "síndromes" do jornalismo ambiental, propostas pelo cientista da comunicação Wilson da Costa Bueno (2007b), como: enquadramento jornalístico majoritariamente econômico, tecnológico ou empresarial; fragmentação das coberturas em diferentes editorias e sem o acompanhamento temporal; sensacionalismo; *marketing* verde; e uso quase exclusivo de fontes oficiais e de especialistas.

b) O debate ambiental se torna despolitizado na imprensa quando o jornalista separa a perspectiva empresarial das perspectivas sociocultural e política.

c) O jornalismo ambiental, enquanto especialização jornalística, deve se libertar de suas relações com o jornalismo investigativo e também com o científico, para poder se assumir como campo específico.

d) A crise na confiança da narrativa jornalística na era digital é um desafio também a ser enfrentado pelo jornalista ambiental.

4. De acordo com o que foi estudado neste capítulo, discorra sobre as funções do jornalismo ambiental.

5. Com base na discussão apresentada neste capítulo, quais diferenças você poderia delinear entre um jornalismo "sobre" o meio ambiente e o jornalismo ambiental dentro de uma perspectiva dos direitos humanos?

Questões para reflexão

1. Neste último capítulo, vimos como a retórica jornalista da tragédia e do desastre produz um efeito desmobilizante, contrário à prática de um jornalismo ambiental enquanto campo de atuação de um jornalismo responsável e humanizado. Você consegue pensar em exemplos dessa retórica? Reflita sobre o potencial contrainvestigativo desse tipo de narrativa.

2. Com base nas leituras deste capítulo, você consegue fazer uma distinção conceitual entre *desastre* e *catástrofe* e seus efeitos para a cobertura jornalística?

Considerações finais

Direitos humanos: um horizonte necessário

O que são direitos humanos? Gostaria que você, cara leitora ou caro leitor, refletisse por um instante sobre essa pergunta. O que vem a sua mente agora? Quais são as primeiras associações e sensações? Depois de tudo que ponderamos para chegar até aqui, talvez essa palavra inspire indignação contra as iniquidades do mundo e desejos para que vivamos melhor em comunidade uns com os outros. "Uma agenda para tornar o mundo melhor". Dizendo assim, em voz alta, com certeza, essa frase soa utópica. Mas gostaríamos de compreendê-la aqui não em seu sentido negativo, isto é, como uma impossibilidade ou irrealidade. Ela é utópica porque nos remete a um lugar que ainda não é, nos conduz a uma outra temporalidade de expectativa e esperança. A palavra *utopia* descreve um espaço e um tempo bem particulares. Etimologicamente, ela é um espaço possível que ainda não foi alcançado. Do grego antigo o τόπος (um "não-lugar"), a realização de uma utopia escapa em direção a uma promessa. Essa promessa, por sua vez, possui em si o tempo da expectativa e da esperança.

Esse lugar tão esperado pode ser traduzido como um horizonte, aquilo que está no vasto limite do nosso olhar; mas, a cada passo em sua direção, mesmo que nunca o alcancemos, nos leva adiante. Os direitos humanos podem ser compreendidos como um horizonte de disputas para uma vida mais digna principalmente porque eles são sempre contextuais e devem lidar com novos desafios a cada novo momento histórico, pois nada garante que um direito fundamental não seja anulado no futuro, nem que ele não possa ser readaptado para diferentes povos e culturas. Como a filósofa alemã Hanna Arendt (1981, p. 163) nos ensina: "O conceito de direitos humanos pode se tornar significativo novamente se for redefinido à luz das experiências e circunstâncias atuais". As narrativas sobre os direitos humanos sempre estiveram em permanente disputa e diversos grupos marginalizados ainda vivenciam a violência pública e privada com o não cumprimento das garantias constitucionais de forma efetiva.

Daí a necessidade de estudar os direitos humanos com base nas suas disputas históricas, teóricas e práticas. Foi o que empreendemos nesta breve introdução sobre o vínculo entre os direitos humanos e a comunicação social. No primeiro capítulo, vimos como os direitos fundamentais foram sendo constituídos historicamente. Nos aproximamos de textos de diferentes Cartas de Direitos, percebemos as tensões e os entrelaçamentos entre o pensamento liberal e o socialista na construção da Declaração Universal dos Direitos Humanos (DUDH), acompanhamos sua sedimentação na Constituição e nas leis de um Brasil que buscava se redefinir como nação após 21 longos anos de ditadura militar. No segundo capítulo do livro, dedicamo-nos a compreender os caminhos que levaram à formação dos direitos relacionados à comunicação, aprendemos as diferenças entre liberdade de expressão, de imprensa e de acesso à informação, vimos os desafios constitucionais para uma implementação plena dos direitos comunicacionais, principalmente no tocante à participação efetiva da população brasileira no sistema comunicacional e à representatividade das diferenças nacionais na programação de empresas que fazem uso de concessões públicas. No terceiro capítulo desta introdução aos estudos comunicacionais sobre os direitos humanos, observamos as formas de transgressão dos direitos humanos perpetrados pelos meios de comunicação, consideramos os sistemas legais em defesa dos direitos fundamentais diante dos abusos midiáticos e vimos como a comunicação social pode ser um vetor de proteção e fomento às pautas humanitárias. No quarto e último capítulo deste livro, analisamos o surgimento dos direitos ambientais, aprendemos sobre as particularidades do jornalismo ambiental e discutimos os desafios da cobertura jornalística de temas relacionados ao meio ambiente.

Esperamos que, durante esse tempo juntos na leitura deste livro, tenha ficado claro que, apesar de extremamente frágil – e considerando que há muito ainda a se construir –, esse horizonte chamado *direitos humanos* se estabeleceu atualmente como a principal linguagem de defesa da dignidade humana. O discurso dos direitos humanos pode ser entendido como uma espécie de caixa de ferramentas necessária para produzir uma resistência que seja capaz de humanizar o atual sistema capitalista neoliberal que marcha sem freios em direção ao lucro máximo, mesmo em detrimento do bem-estar de indivíduos, comunidades e do meio ambiente. Com a queda do Muro de Berlim, alguns autores – como Moyn, (2010, 2018) – entendem que a gramática dos direitos humanos veio assumir o papel que o discurso socialista ocupava hegemonicamente desde o século XIX para a fundamentação do combate às desigualdades sociais.

Esse ponto, o de mitigação das desigualdades, é ainda o principal elemento de uma crítica progressista aos direitos humanos. Graças às constantes investidas de uma lógica de mercado e de governo em que se prioriza o desenvolvimento econômico em detrimento do social, será que essa gramática dos direitos humanos conseguiu, de fato, dirimir a desigualdade social? O que falta para a melhoria da sua efetividade?

Para o sociólogo português Boaventura de Sousa Santos (2014), os direitos humanos ainda precisam abraçar outras linguagens da dignidade humana existentes no mundo, pois, para ele, a DUDH possui uma matriz predominantemente ocidental e liberal, que tende sempre a obliterar suas fontes socialistas e sociais-democráticas. O pensador lusitano defende ainda que boa parte da humanidade é apenas objeto, e não sujeito dos discursos dos direitos fundamentais. Por isso, ele critica o que chama de quatro grandes "ilusões" dos direitos humanos convencionais: a teleologia (que defende o universalismo e a naturalidade dos direitos humanos, ignorando o processo histórico de sua construção); o triunfalismo (expresso pela narrativa heroica sobre os direitos humanos, que os coloca como o último estágio das linguagens sobre a dignidade humana); a descontextualização (quando o discurso dos direitos humanos é usado para legitimar práticas repressivas e autoritárias, como no caso da invasão norte-americana ao Iraque sob o pretexto de ajuda humanitária); e o monolitismo (a negação das contradições internas das teorias e dos artigos que constituem os direitos humanos).

Entretanto, mesmo não apresentando um modelo claro de como essa gramática contra-hegemônica se efetivaria, acreditamos que, contrariamente a Boaventura de Sousa Santos (2014), o discurso dos direitos humanos está muito mais poroso e já se transformou a ponto de não possuir um núcleo convencional ao qual a crítica do pensador português às ilusões da DUDH pode sugerir em um primeiro momento. Como discutimos no decorrer deste livro, as quatro ilusões podem ser discutidas e refutadas utilizando a própria linguagem dos direitos humanos, você não acha?

Acreditamos que ainda temos não apenas um longo caminho, mas vários outros diferentes e possíveis de percorrer. E todos eles podem levar a uma melhoria do sistema de proteção e fomento aos direitos humanos que estudamos até aqui. Como sugestões para pesquisas futuras, aparecem as relações entre a comunicação e temas específicos dos direitos humanos, como a tortura, os movimentos negros, os movimentos feministas, os movimentos LGBTQ+, a imigração, os direitos dos povos indígenas, a infância e a adolescência, os direitos à acessibilidade, e muitos outros. Sinta-se convidada ou convidado para colaborar com esse necessário e ainda carente campo de estudos. Esse convite, na verdade, é o motor que pôs em movimento a escrita deste livro.

Por fim, mas não menos importante, gostaríamos de terminar esse nosso diálogo com um pedido: ao perceber qualquer violação aos direitos fundamentais, por favor, denuncie. Uma das primeiras medidas disponíveis é o Disque 100[1], um serviço mantido pelo Governo Federal que recebe denúncias de violações aos direitos humanos. A ligação é gratuita e funciona 24 horas por dia. Também escreva, fale, fotografe, converse, publique. E, principalmente, esteja aberto para acolher aqueles que são diferentes de você a fim de que um diálogo, uma comunicação, seja ainda possível.

Como na epígrafe que abre este livro, colhida da pena do poeta alemão Novalis e escrita na aurora dos debates modernos sobre os direitos fundamentais, para além de um aparato legal, prescritivo ou normativo, para além mesmo de uma gramática ou um instrumento, os direitos humanos demandam um aprendizado e um esforço contínuo para acolher aqueles diante de nós em toda sua diferença, para abrir um espaço em comum que favoreça não apenas o encontro com outras pessoas, mas também o caminhar em direção a uma promessa: um horizonte, chamado *humanidade*.

---

[1] A denúncia também pode ser feita *on-line* pelo endereço do projeto governamental Humaniza Redes, cuja ouvidoria está disponível no *site*: <https://www.humanizaredes.gov.br/ouvidoria-online/>.

Lista de siglas

ACNUDH – Alto Comissariado das Nações Unidas para os Direitos Humanos

ADIs – Ações Diretas de Inconstitucionalidade

ADO – Ação Direta de Inconstitucionalidade por Omissão

AI-5 – Ato Institucional nº 5

Andi – Agência de Notícias dos Direitos da Infância

CCS – Conselho de Comunicação Social

Ciespal – Centro Internacional de Estudos Superiores de Periodismo para a América Latina

CISD – Centre for International Studies and Diplomacy

DUDH – Declaração Universal dos Direitos Humanos

EBC – Empresa Brasileira de Comunicação

Fenaj – Federação Nacional dos Jornalistas

FMI – Fundo Monetário Internacional

Foia – *Freedom of Information Act*; Lei de Liberdade de Informação dos Estados Unidos

IBGE – Instituto Brasileiro de Geografia e Estatística

LAI – Lei de Acesso à Informação

LGBTQ+ – Lésbicas, Gays, Bissexuais, Travestis, Transexuais ou Transgêneros, Queers (o "+" é para indicar outros grupos ou indivíduos não representados pela sigla)

MIT – Massachusetts Institute of Technology

MPF – Ministério Público Federal

Nomic – Nova Ordem da Informação e da Comunicação

OCDE – Organização para Cooperação e Desenvolvimento Econômico

OEA – Organização dos Estados Americanos

ONG – Organização não governamental

ONU – Organização das Nações Unidas

PIDCP – Pacto Internacional dos Direitos Civis e Políticos

Pidesc – Pacto Internacional dos Direitos Econômicos, Sociais e Culturais

Pnuma – Programa das Nações Unidas para o Meio Ambiente

STF – Supremo Tribunal Federal

Unesco – Organização das Nações Unidas para a Educação, a Ciência e a Cultura

Unicef – Fundo das Nações Unidas para a Infância

Referências

ABREU, M. S. de. Quando a palavra sustenta a farsa: o discurso jornalístico do desenvolvimento sustentável. Florianópolis: Ed. da UFSC, 2006.

AGUIAR, L. As diretrizes curriculares e a formação específica em jornalismo. Revista Alceu, v. 14, n. 27, p. 162-175, jul./dez. 2013. Disponível em: <http://revistaalceu-acervo.com.puc-rio.br/media/12alceu27.pdf>. Acesso em: 16 jun. 2020.

ANDI – Agência de Notícias dos Direitos da Infância. Mídia & Direitos Humanos. Coordenação: Veet Vivarta. Pesquisa: Guilherme Canela. Brasília: Andi; Secretaria Especial dos Direitos Humanos; Unesco, 2006.

ANTONIOLI, M. E. Diretrizes Curriculares e cursos de Jornalismo: a formação do jornalista à luz da legislação educacional. REBEJ – Revista Brasileira de Ensino de Jornalismo, Brasília, v. 4, n. 15, p. 182-197, jul./dez. 2014. Disponível em: <http://www.filosofiacienciaarte.org/attachments/article/1127/Diretrizes%20Curriculares%20e%20cursos%20de%20Jornalismo-%20a%20formac%CC%A7a%CC%83o%20do%20jornalista%20a%CC%80%20luz%20da%20legislac%CC%A7a%CC%83o%20educacional.pdf>. Acesso em: 16 jun. 2020.

ANTONIOLI, M. E. Ensino de jornalismo e legislação educacional. São Paulo: L'Editora, 2006.

ARAGÃO, I. P. Primeira década do Ciespal: fundação e indicações de investigação. Chasqui, n. 135, p. 339-360, ago./nov. 2017a. Disponível em: <https://dialnet.unirioja.es/descarga/articulo/6109995.pdf>. Acesso em: 16 jun. 2020.

ARAGÃO, I. P. Reflexões sobre o "Período Funcionalista" Ciespalino. In: CONGRESSO BRASILEIRO DE CIÊNCIAS DA COMUNICAÇÃO, 40., 2017b, Curitiba. Anais... Disponível em: <http://portalintercom.org.br/anais/nacional2017/resumos/R12-1803-1.pdf>. Acesso em: 7 fev. 2020.

ARENDT, H. A condição humana. Tradução de Roberto Raposo. 10. ed. Rio de Janeiro: Forense Universitária, 2007.

ARENDT, H. Origens do totalitarismo: antissemitismo, imperialismo, totalitarismo. Tradução de Roberto Raposo. São Paulo: Companhia das Letras, 2013.

ARENDT, H. Es Gibt nur ein Einziges Menschenrecht. In: ARENDT, H.; BOULDING, K. E.; BUBER, M. (Org.). Praktische Philosophie/Ethik: Reader zum Funk-Kolleg. Frankfurt am Main: Flscher, 1981. p. 152-167.

ASSEMBLEIA GERAL DAS NAÇÕES UNIDAS. Revolução n. 41/128. Declaração sobre o Direito ao Desenvolvimento – 1986. Biblioteca Virtual de Direitos Humanos – USP, 1986. Disponível em: <http://www.direitoshumanos.usp.br/index.php/Direito-ao-Desenvolvimento/declaracao-sobre-o-direito-ao-desenvolvimento.html>. Acesso em: 30 abr. 2020.

BALABANOVA, E. The Media and Human Rights: the Cosmopolitan Promise. New York: Routledge, 2015.

BANDEIRA, O. Banalização da violência na mídia e nas urnas. Mídia sem Violações de Direitos, 27 set. 2018. Disponível em: <https://www.midiasemviolacoes.com.br/noticias/banalizacao-da-violencia-na-midia-e-nas-urnas>. Acesso em: 7 fev. 2020.

BARBOSA, B. Apresentadores de programas policialescos usam TV para ganhar seu voto. Mídia sem Violações de Direitos, 27 set. 2018. Disponível em: <https://www.midiasemviolacoes.com.br/noticias/apresentadores-de-programas-policialescos-usam-tv-para-ganhar-seu-voto>. Acesso em: 7 fev. 2020.

BELMONTE, R. V. Uma breve história do jornalismo ambiental brasileiro. Revista Brasileira de História da Mídia, v. 6, n. 2, p. 110-125, 2017. Disponível em: <http://www.ojs.ufpi.br/index.php/rbhm/article/view/6656>. Acesso em: 7 fev. 2020.

BENHABIB, S. The Rights of Others: Aliens, Residents, and Citizens. Cambridge: Cambridge University Press, 2004.

BOBBIO, N. A era dos direitos. Tradução de Carlos Nelson Coutinho. Rio de Janeiro: Elsevier, 2004.

BOBBIO, N. Direito. In: BOBBIO, N.; MATTEUCCI, N.; PASQUINO, G. Dicionário de política. Brasília: Ed. da UnB, 1998. p. 349-355.

BOBBIO, N. O futuro da democracia: uma defesa das regras do jogo. Tradução de Marco Aurélio Nogueira. Rio de Janeiro: Paz e Terra, 1986.

BOLAÑO, C. R. S. Qual a lógica das políticas de comunicação no Brasil? São Paulo: Paulus, 2014.

BONFIGLIOLI, C. P. Sustentabilidade: uma palavra, várias significações. In: DI FELICE, M.; TORRES, J. C.; YANAZE, L. K. H. Redes digitais e sustentabilidade: as interações com o meio ambiente na era da informação. São Paulo: Annablume, 2012. p. 95-128.

BRANT, J.; CHITA, T. Direito à comunicação. Brasília: Secretaria de Direitos Humanos da Presidência da República; Flacso Brasil, 2015.

BRASIL. Câmara dos Deputados. Comissão de Direitos Humanos e Minorias. Convenção Internacional sobre a Eliminação de Todas as Formas de Discriminação Racial. Diário Oficial da União, 10 dez. 1969. Disponível em: <http://www2.camara.leg.br/atividade-legislativa/comissoes/comissoes-permanentes/cdhm/comite-brasileiro-de-direitos-humanos-e-politica-externa/ConvIntElimTodForDiscRac.html>. Acesso em: 7 fev. 2020.

BRASIL. Câmara dos Deputados. Lei n. 1.390, de 3 de julho de 1951. Inclui entre as contravenções penais a prática de atos resultantes de preconceitos de raça ou de cor. Diário Oficial da União, Rio de Janeiro, 3 jul. 1951. Disponível em: <https://www2.camara.leg.br/legin/fed/lei/1950-1959/lei-1390-3-julho-1951-361802-normaatualizada-pl.html>. Acesso em: 16 maio 2020.

BRASIL. Constituição (1988). Diário Oficial da União, Brasília, DF, 5 out. 1988. Disponível em: <http://www.planalto.gov.br/ccivil_03/constituicao/constituicao.htm>. Acesso em: 16 jun. 2020.

BRASIL. Decreto n. 592, de 6 de julho de 1992. Diário Oficial da União, Poder Executivo, Brasília, DF, 7 jul. 1992a. Disponível em: <http://www.planalto.gov.br/ccivil_03/decreto/1990-1994/d0592.htm>. Acesso em: 7 fev. 2020.

BRASIL. Decreto n. 678, de 6 de novembro de 1992. Diário Oficial da União, Poder Executivo, Brasília, DF, 9 nov. 1992b. Disponível em: <http://www.planalto.gov.br/ccivil_03/decreto/D0678.htm>. Acesso em: 7 fev. 2020.

BRASIL. Decreto n. 5.051, de 19 de abril de 2004. Diário Oficial da União, Poder Executivo, Brasília, DF, 20 abr. 2004. Disponível em: <http://www.planalto.gov.br/ccivil_03/_ato2004-2006/2004/decreto/d5051.htm>. Acesso em: 7 fev. 2020.

BRASIL. Decreto n. 7.724, de 16 de maio de 2012. Diário Oficial da União, Poder Executivo, Brasília, DF, 18 maio 2012. Disponível em: <http://www.planalto.gov.br/ccivil_03/_ato2011-2014/2012/Decreto/D7724.htm>. Acesso em: 7 fev. 2020

BRASIL. Decreto-Lei n. 2.848, de 7 de dezembro de 1940. Diário Oficial da União, Poder Executivo, Brasília, DF, 31 dez. 1940. Disponível em: <https://www.planalto.gov.br/ccivil_03/decreto-lei/del2848.htm>. Acesso em: 7 fev. 2020.

BRASIL. Lei n. 3.321, de 30 de dezembro de 1999. Diário Oficial da União, Poder Legislativo, Brasília, DF, 31 dez. 1999. Disponível em: <http://www.planalto.gov.br/ccivil_03/decreto/D3321.htm>. Acesso em: 7 fev. 2020.

BRASIL. Lei n. 7.716, de 5 de janeiro de 1989. Diário Oficial da União, Poder Legislativo, Brasília, DF, 6 jan. 1989. Disponível em: <http://www.planalto.gov.br/ccivil_03/LEIS/L7716compilado.htm>. Acesso em: 7 fev. 2020.

BRASIL. Lei n. 8.389, de 30 de dezembro de 1991. Diário Oficial da União, Poder Legislativo, Brasília, DF, 31 dez. 1991. Disponível em: <http://www.planalto.gov.br/ccivil_03/leis/l8389.htm>. Acesso em: 7 fev. 2020.

BRASIL. Lei n. 9.472, de 16 de julho de 1997. Diário Oficial da União, Poder Legislativo, Brasília, DF, 17 jul. 1997. Disponível em: <http://www.planalto.gov.br/CCIVIL_03/LEIS/L9472.htm>. Acesso em: 7 fev. 2020.

BRASIL. Lei n. 12.485, de 12 de setembro de 2011. Diário Oficial da União, Poder Legislativo, Brasília, DF, 13 set. 2011a. Disponível em: <http://www.planalto.gov.br/ccivil_03/_Ato2011-2014/2011/Lei/L12485.htm>. Acesso em: 7 fev. 2020.

BRASIL. Lei n. 12.527, de 18 de novembro de 2011. Diário Oficial da União, Poder Legislativo, Brasília, DF, 18 nov. 2011b. Disponível em: <http://www.planalto.gov.br/ccivil_03/_ato2011-2014/2011/lei/l12527.htm>. Acesso em: 7 fev. 2020.

BRASIL. Ministério da Educação. Comissão de Especialistas. Diretrizes Curriculares Nacionais para o Curso de Jornalismo. Brasília, 2009. Disponível em: <http://portal.mec.gov.br/dmdocuments/documento_final_cursos_jornalismo.pdf>. Acesso em: 7 fev. 2020.

BRITO, D. Denúncias de feminicídio e tentativas de assassinato chegam a 10 mil. Agência Brasil, 22 ago. 2018. Disponível em: <http://agenciabrasil.ebc.com.br/direitos-humanos/noticia/2018-08/denuncias-de-feminicidio-e-tentativas-de-assassinato-chegam-10-mil>. Acesso em: 7 fev. 2020.

BROECKER, W. S. Climatic Change: are we on the Brink of a Pronounced Global Warming? Science, New Series, v. 189, n. 4201, p. 460-463, Aug. 1975.

BUENO, W. da C. Comunicação, jornalismo e meio ambiente: teoria e pesquisa. São Paulo: Mojoara, 2007a.

BUENO, W. da C. Jornalismo ambiental: explorando além do conceito. Desenvolvimento e Meio Ambiente, v. 15, n. p. 33-44, jan./jun. 2007b. Disponível em: <https://revistas.ufpr.br/made/article/view/11897/8391>. Acesso em: 17 jun. 2020.

CANELLAS, M. Nem imparcial, nem engajado: o repórter como artífice da notícia. In: CANELA, G. (Org.). Políticas públicas sociais e os desafios para o jornalismo. São Paulo: Andi/Cortez, 2008. p. 104-114.

CAPPARELLI, S.; LIMA, V. A. de. Comunicação e televisão: desafios da pós-globalização. São Paulo: Hacker, 2004.

CARLOWITZ, H. C. von. Sylvicultura oeconomica, oder haußwirthliche Nachricht und Naturmäßige Anweisung zur wilden Baum-Zucht. Leipzig: Braun, 1713.

CARRINGTON, D. Why The Guardian is Changing the Language it Uses about the Environment. The Guardian, 17 may 2019. Disponível em: <https://www.theguardian.com/environment/2019/may/17/why-the-guardian-is-changing-the-language-it-uses-about-the-environment>. Acesso em: 7 fev. 2020.

CARSON, R. Primavera silenciosa. Tradução de Claudia Sant'Anna Martins. São Paulo: Gaia, 2010.

CASTILHO, R. Direitos humanos. 3. ed. São Paulo: Saraiva, 2015.

CLAPHAM, A. Human Rights: a Very Short Introduction. Oxford: Oxford University Press, 2007.

COMPARATO, F. K. A afirmação histórica dos direitos humanos. 3. ed. São Paulo: Saraiva, 2003.

CONCÍLIO VATICANO II. Decreto Inter Mirifica: sobre os meios de comunicação social. Vaticano, 4 de dezembro de 1966. Disponível em: <http://www.vatican.va/archive/hist_councils/ii_vatican_council/documents/vat-ii_decree_19631204_inter-mirifica_po.html>. Acesso em: 7 fev. 2020.

CONFERÊNCIA DAS NAÇÕES UNIDAS SOBRE O MEIO AMBIENTE HUMANO. Declaração de Estocolmo sobre o ambiente humano – 1972. Biblioteca Virtual de Direitos Humanos – USP, 1972. Disponível em: <http://www.direitoshumanos.usp.br/index.php/Meio-Ambiente/declaracao-de-estocolmo-sobre-o-ambiente-humano.html>. Acesso em: 7 fev. 2020.

CONVENÇÃO Americana sobre Direitos Humanos. 1969. Disponível em: <http://www.planalto.gov.br/ccivil_03/decreto/1990-1994/anexo/and678-92.pdf>. Acesso em: 7 fev. 2020.

CORNELL LAW SCHOOL. US Constitution. First Amendment. LII. Legal Information Institute, 2020. Disponível em: <https://www.law.cornell.edu/constitution/first_amendment>. Acesso em: 7 fev. 2020.

COUTINHO, E. Escola Base: onde e como estão os protagonistas do maior crime da imprensa brasileira. São Paulo: Casa Flutuante, 2016.

COX, R. New Data Reveals 197 Land and Environmental Defenders Murdered in 2017. Global Witness, 2018. Disponível em: <https://www.globalwitness.org/en/blog/new-data-reveals-197-land-and-environmental-defenders-murdered-2017/>. Acesso em: 16 maio 2020.

DALLARI, D. Direitos humanos: histórico, conceito e classificação. São Paulo: Comissão de Justiça e Paz, 1995.

DECLARATION by United Nations. 1942. Disponível em: <http://www.ibiblio.org/pha/policy/1942/420101a.html>. Acesso em: 7 fev. 2020.

FELICIANO, F. A. Ciespal: Trinta anos de influências. Intercom: Revista Brasileira de Ciências da Comunicação, v. 11, n. 59, p. 55-64, 1988. Disponível em: <http://www.portcom.intercom.org.br/revistas/index.php/revistaintercom/article/view/1381/1330>. Acesso em: 16 jun. 2020

FENAJ – Federação Nacional dos Jornalistas. Código de Ética dos Jornalistas Brasileiros. Disponível em: <http://fenaj.org.br/wp-content/uploads/2014/06/04-codigo_de_etica_dos_jornalistas_brasileiros.pdf>. Acesso em: 7 fev. 2020.

FOLHA DE S.PAULO. Governo brasileiro participa de reunião com negacionistas do clima. 30 jul. 2019. Disponível em: <https://www1.folha.uol.com.br/ambiente/2019/07/governo-brasileiro-participa-de-reuniao-com-negacionistas-do-clima.shtml>. Acesso em: 7 fev. 2020

FOLHA DE S.PAULO. O caminho da lama, 2 dez. 2015. Disponível em: <http://temas.folha.uol.com.br/o-caminho-da-lama>. Acesso em: 7 fev. 2020.

FOLHA DE S.PAULO. Tudo sobre a batalha de Belo Monte. 2013. Disponível em: <http://arte.folha.uol.com.br/especiais/2013/12/16/belo-monte>. Acesso em: 7 fev. 2020.

FRANCO, L. Mais da metade dos brasileiros acham que direitos humanos beneficiam quem não merece, diz pesquisa. BBC News Brasil, 11 ago. 2018. Disponível em: <https://www.bbc.com/portuguese/brasil-45138048>. Acesso em: 7 fev. 2020.

GIES, L. Mediating Human Rights: Media, Culture and Human Rights Law. New York: Routledge, 2015.

GIRARDI, I. M. T.; CAMANA, Â.; LOOSE, E. B. Panorama da pesquisa em Jornalismo Ambiental no Brasil: o estado da arte nas dissertações e teses entre 1987 e 2010. Intexto, Porto Alegre, n. 34, p. 362-384, set./dez. 2015. Disponível em: <https://seer.ufrgs.br/intexto/article/view/58452>. Acesso em: 17 jun. 2020.

GIRARDI, I. M. T. et al. Caminhos e descaminhos do jornalismo ambiental. Comunicação & Sociedade, v. 34, n. 1, p. 131-152, jul./dez. 2012. Disponível em: <https://www.metodista.br/revistas/revistas-ims/index.php/CSO/article/view/2972/3136>. Acesso em: 17 jun. 2020.

GIRARDI, I. M. T. et al. (Org.). Jornalismo ambiental: teoria e prática. Porto Alegre: Metamorfose, 2018.

GIRARDI, I. M. T.; SCHWAAB, R. (Org.). Jornalismo ambiental: desafios e reflexões. Porto Alegre: Dom Quixote, 2008.

GOETHE, J. W. Maximen und Reflexionen. Berlim: Holzinger, 2016.

GUARESCHI, P. A. O direito humano à comunicação: pela democratização da mídia. Petrópolis: Vozes, 2013.

HAECKEL, E. Generelle Morphologie Der Organismen. Berlim: De Gruyter, 1988.

HRW – Human Rights Watch. World Report. Events of 2018. New York: Seven Stories, 2019a. Disponível em: <https://www.hrw.org/sites/default/files/world_report_download/hrw_world_report_2019.pdf>. Acesso em: 16 maio 2020.

HRW – Human Rights Watch. Brasil. Tradução on-line. In: HRW – Human Rights Watch. World Report. Events of 2018. New York: Seven Stories, 2019b. p. 91-100. Disponível em: <https://www.hrw.org/pt/world-report/2019/country-chapters/326447>. Acesso em: 16 maio 2020.

HUNT, L. Inventing Human Rights: a History. London/New York: W. W. Norton & Company, 2007.

INFOPRODUCT REVIEW. The Kyoto Protocol: What has it Achieved? 2020. Infographic. Disponível em: <http://www.infoproductreview.org/the-kyoto-protocol/>. Acesso em: 29 abr. 2020.

INTERCOM. Enciclopédia Intercom de comunicação. São Paulo: Sociedade Brasileira de Estudos Interdisciplinares da Comunicação, 2010. v. I: Conceitos.

JACOBS, M. La economía verde: medio ambiente, desarrollo sostenible y la política del futuro. Barcelona: Icaria, 1996.

JORNAL NACIONAL. Série Fome. Rio de Janeiro: Rede Globo, 18 jun. 2001. Programa de Televisão. Disponível em: <http://globotv.globo.com/rede-globo/memoria-globo/v/webdoc-jornalismo-jornal-nacional-serie-fome-2001/2578183/>. Acesso em: 16 maio 2020.

KLOETZEL, K. O que é meio ambiente. São Paulo: Brasiliense, 1994.

LEFF, E. Saber ambiental: sustentabilidad, racionalidad, complejidad, poder. México: Siglo XXI, 1998.

LEFORT, C. Democracy and Political Theory. Cambridge: Polity Press, 1988.

LIMA, V. A. de. Conselhos de comunicação social: a interdição de um instrumento da democracia participativa. Brasília: FNDC, 2013.

LIMA, V. A. de. Liberdade de expressão x liberdade de imprensa: direito à comunicação e democracia. São Paulo: Publisher Brasil, 2010.

LIMA, V. A. de. Regulação das comunicações: história, poder e direitos. São Paulo: Paulus, 2011.

LIPPMANN, W. Public Opinion: with a New Introduction by Michael Curtis. New Brunswick/London: Transaction, 1998.

LOBATO, E. FHC distribui rádios e TVs educativas para políticos. Folha de S.Paulo, 24 ago. 2002. Disponível em: <https://www1.folha.uol.com.br/folha/brasil/ult96u36586.shtml>. Acesso em: 7 fev. 2020.

MACBRIDE, S. (Ed.). Many Voices, One World: Towards a New, More Just and Efficient World Information and Communication Order. Unesco, 1980. Disponível em: <http://unesdoc.unesco.org/images/0004/000400/040066eb.pdf>. Acesso em: 7 fev. 2020.

MARX, K. Sobre a questão judaica. Tradução de Nelio Schneider. São Paulo: Boitempo, 2010.

MCCOMBS, M. E.; SHAW, D. L. The Agenda-Setting Function of Mass Media. The Public Opinion Quarterly, v. 36, n. 2, p. 176-187, 1972.

MEADOWS, D. H. et al. The Limits to Growth: a Report for the Club of Rome's Project on the Predicament of Mankind. New York: Universe Books, 1972. Disponível em: <https://collections.dartmouth.edu/content/deliver/inline/meadows/pdf/meadows_ltg-001.pdf/>. Acesso em: 7 fev. 2020.

MEDITSCH, E. Crescer para os lados ou crescer para cima: o dilema histórico do campo acadêmico do jornalismo. Biblioteca Online de Ciências da Comunicação, Covilhã, 1999. Disponível em: <http://www.bocc.ubi.pt/pag/meditsch-eduardo-dilema-historico-jornalismo.pdf>. Acesso em: 7 fev. 2020.

MELO, J. M. de; SATHLER, L. (Org.). Direitos à comunicação na sociedade da informação. São Bernardo do Campo: UMESP, 2005.

MIGUEL, L. F.; BIROLI, F. (Org.). Mídia, representação e democracia. São Paulo: Hucitec, 2010.

MILL, J. S. Sobre a liberdade / A sujeição das mulheres. Tradução de Paulo Geiger. São Paulo: Penguin Companhia, 2017.

MILTON, J. Areopagítica: discurso sobre a liberdade de expressão. Coimbra: Almedina, 2009.

MOURA, I.; MELO, P. V. (Org.). Guia mídia e direitos humanos. São Paulo: Intervozes, 2014.

MOYN, S. Human Rights and the Uses of History. London/New York: Verso, 2014.

MOYN, S. Not Enough: Human Rights in an Unequal World. Cambridge/London: The Belknap Press of Harvard University Press, 2018.

MOYN, S. The Last Utopia: Human Rights in History. Cambridge/Massachusetts/London: The Belknap Press of Harvard University Press, 2010.

NAÇÕES UNIDAS. Página inicial. 2020. Disponível em: <http://nacoesunidas.org>. Acesso em: 2 maio 2020.

NAÇÕES UNIDAS BRASIL. Declaração Universal dos Direitos Humanos. 1948. Disponível em: <https://nacoesunidas.org/wp-content/uploads/2018/10/DUDH.pdf>. Acesso em: 7 fev. 2020.

NAÇÕES UNIDAS. Carta das Nações Unidas. Rio de Janeiro: Centro de Informação da ONU para o Brasil (UNIC), 1945. Disponível em: <https://nacoesunidas.org/wp-content/uploads/2017/11/A-Carta-das-Na%C3%A7%C3%B5es-Unidas.pdf>. Acesso em: 7 fev. 2020.

NAPOLITANO, C. J. O direito à comunicação no plenário da Assembleia Nacional Constituinte. Animus: Revista Interamericana de Comunicação Midiática, v. 13, n. 25, p. 253-271, 2014. Disponível em: <https://periodicos.ufsm.br/animus/article/view/7167/pdf>. Acesso em: 17 jun. 2020.

NATIONAL ARCHIVES. The Virginia Declaration of Rights. America's Founding Documents, 2020. Disponível em: <https://www.archives.gov/founding-docs/virginia-declaration-of-rights>. Acesso em: 7 fev. 2020.

NEIER, A. The International Human Rights Movement: a History. Princeton/Oxford: Princeton University Press, 2012.

NEOTTI, C. (O. F. M.). A Nova Ordem Mundial da Informação e da Comunicação (Nomic). Petrópolis: Vozes, 1986.

NOVALIS. Werke, Briefe, Dokumente in 4 Bände. Heidelberg: Lambert Schneider, 1954. v. 2.

NUCCITELLI, D. It's not Okay how Clueless Donald Trump is about Climate Change. The Guardian, 1 Feb. 2018. Disponível em: <https://www.theguardian.com/environment/climate-consensus-97-per-cent/2018/feb/01/its-not-okay-how-clueless-donald-trump-is-about-climate-change>. Acesso em: 7 fev. 2020.

ONU BRASIL. Há 70 anos: adotada a Declaração Universal dos Direitos Humanos. 2018. (Vídeo). 6 min. Disponível em: <https://youtu.be/SJy1M4iYiMo>. Acesso em: 7 fev. 2020.

PACTO Internacional dos Direitos Civis e Políticos. 1966. Disponível em: <https://www.oas.org/dil/port/1966%20Pacto%20Internacional%20sobre%20Direitos%20Civis%20e%20Pol%C3%ADticos.pdf>. Acesso em: 28 abr. 2020.

PIOVESAN, F. Temas de direitos humanos. 5. ed. São Paulo: Saraiva, 2012.

POPPER, K. The Open Society and Its Enemies. Princeton/Oxford: Princeton University Press, 2013.
PRESSERAT. Ziffer 8 – Schutz der Persönlichkeit. In: Ethische Standards für den Journalismus, 2020. Disponível em: <https://www.presserat.de/pressekodex.html>. Acesso em: 29 abr. 2020.
PÚBLICA. TAG: Belo Monte. Disponível em: <https://apublica.org/tag/belo-monte>. Acesso em: 7 fev. 2020.
RAMOS, L. F. A. Meio ambiente e meios de comunicação. São Paulo: Annablume, 1996.
REVISTA CONSULTOR JURÍDICO. Band é condenada por exibir reportagem que viola direitos humanos. Conjur, 5 jun. 2015. Disponível em: <https://www.conjur.com.br/2015-jun-05/band-condenada-reportagem-viola-direitos-humanos>. Acesso em: 7 fev. 2020.
RIBEIRO, A. Caso Escola Base: os abusos da imprensa. São Paulo: Ática, 1995.
ROSO, A.; GUARESCHI, P. Megagrupos midiáticos e poder: construção de subjetividades narcisista. Política & Trabalho, v. 26, p. 37-54, abr. 2007. Disponível em: <https://periodicos.ufpb.br/ojs/index.php/politicaetrabalho/article/download/6767/4205/>. Acesso em: 17 jun. 2020.
RSF – Repórteres sem Fronteiras. Barômetro da liberdade de imprensa: 2018 ao pormenor. 2018. Disponível em: <https://rsf.org/pt/barometro?year=2018>. Acesso em: 16 maio 2020.
RYTTER, J. E. Qual a liberdade de imprensa? A imprensa concebida como um "fórum aberto" ou como um "cão de guarda privilegiado". Cadernos do Programa de Pós-Graduação em Direito/UFRGS, v. 9, n. 2, p. 1-38, 2014. Disponível em: <https://seer.ufrgs.br/ppgdir/article/view/52654/35347>. Acesso em: 17 jun. 2020.
SACHS, I. Estratégias de transição para o século XXI: desenvolvimento e meio ambiente. Tradução de Magda Lopes. São Paulo: Studio Nobel, 1993.
SANTOS, B. de S. Se Deus fosse um ativista dos direitos humanos. São Paulo: Cortez, 2014.

SÃO PAULO. 14ª Vara Cível Federal de São Paulo. Processo n. 0016982-15.2014.403.6100. Justiça Federal. Poder Judiciário. Conjur, São Paulo, 4 out. 2016. Disponível em: <https://www.conjur.com.br/dl/rachel-shehe razade-comentario-sbt.pdf>. Acesso em: 7 fev. 2020.

SHAW, I. S. Human Rights Journalism Advances in Reporting Distant Humanitarian Interventions. New York: Palgrave Macmillan, 2012.

SOARES, M. C. et al. (Org.). Mídia e cidadania: conexões emergentes. São Paulo: Cultura Acadêmica, 2012.

SOAS – School of Oriental and African Studies. CISD Students: Latin American Women got Women into UN Charter. University of London, 2016. Disponível em: <https://www.soas.ac.uk/news/newsitem114585.html>. Acesso em: 16 maio 2020.

SOIHET, R. O feminismo tático de Bertha Lutz. Florianópolis: Mulheres, 2006.

STEFANO, D.; MENDONÇA, M. L. (Org.). Direitos humanos no Brasil 2016: relatório da rede social de justiça e direitos humanos. São Paulo: Outras Expressões, 2016.

SUTER, K. The Club of Rome: the Global Conscience. Contemporary Review, v. 275, p. 1-5, 1999.

TRIGUEIRO, A. Mundo sustentável 2: novos rumos para um planeta em crise. São Paulo: Globo, 2012.

UNEP – UN Environment Programme. Advancing Environmental Rights. Disponível em: <https://www.unenvironment.org/explore-topics/enviro nmental-rights-and-governance/what-we-do/advancing-environmental-rights>. Acesso em: 7 fev. 2020.

UNESCO – Organização das Nações Unidas para a Educação, a Ciência e a Cultura. Declaração de princípios sobre a tolerância. Aprovada pela Conferência Geral da Unesco em sua 28ª reunião. Paris, 16 nov. 1995. Disponível em: <https://unesdoc.unesco.org/ark:/48223/pf0000131524_por>. Acesso em: 7 fev. 2020.

UNESCO – Organização das Nações Unidas para a Educação, a Ciência e a Cultura. Human Rights: Comments and Interpretations. Paris, 1948. Disponível em: <http://unesdoc.unesco.org/images/0015/001550/155042eb.pdf>. Acesso em: 7 fev. 2020.

USP – Universidade de São Paulo. Declaração de Direitos do Homem e do Cidadão – 1789. Biblioteca Virtual de Direitos Humanos – USP. Disponível em: <http://www.direitoshumanos.usp.br/index.php/Documentos-anteriores-%C3%A0-cria%C3%A7%C3%A3o-da-Sociedade-das-Na%C3%A7%C3%B5es-at%C3%A9-1919/declaracao-de-direitos-do-homem-e-do-cidadao-1789.html>. Acesso em: 7 fev. 2020.

VARJÃO, S. (Org.). Violações de direitos na mídia brasileira: pesquisa detecta quantidade significativa de violações de direitos e infrações a leis no campo da comunicação de massa. Brasília: Andi, 2016. (Guia de Monitoramento de Violações de Direitos, v. 3).

VARJÃO, S. (Org.). Violações de direitos na mídia brasileira: uma ferramenta prática para identificar violações de direitos no campo da comunicação de massa. Brasília: Andi, 2015a. (Guia de Monitoramento de Violações de Direitos, v. 1).

VARJÃO, S. (Org.). Violações de direitos na mídia brasileira: um conjunto de reflexões sobre como coibir violações de direitos no campo da comunicação de massa. Brasília: Andi, 2015b. (Guia de Monitoramento de Violações de Direitos, v. 2).

VASAK, K. As dimensões internacionais dos direitos do homem: manual destinado ao ensino dos direitos do homem nas universidades. Tradução de Carlos Aboim de Brito. Lisboa: Unesco, 1983.

VEIGA, J. E. da. Desenvolvimento sustentável: o desafio do século XXI. Rio de Janeiro: Garamond, 2006.

VENTURI, G. (Org.). Direitos humanos: percepções da opinião pública: análises de pesquisa nacional. Brasília: Secretaria de Direitos Humanos, 2010.

VIEIRA, O. V. Três teses equivocadas sobre os direitos humanos. In: CONSÓRCIO UNIVERSITÁRIO PELOS DIREITOS HUMANOS (Org.). Manual de mídia e direitos humanos. São Paulo: Fundação Friedrich Ebert, 2001. p. 75-90.

VIVARTA, V. (Org.). Mídia e direitos humanos. Brasília: Andi/Secretaria Especial dos Direitos Humanos/Unesco, 2006.

WATTS, J. Almost four Environmental Defenders a Week Killed in 2017. The Guardian, 2018. Disponível em: <https://www.theguardian.com/environment/2018/feb/02/almost-four-environmental-defenders-a-week-killed-in-2017>. Acesso em: 16 maio 2020.

WILDE, R. Uma análise da declaração universal dos direitos humanos. In: POOLE, H. et al. (Org.). Direitos humanos: referências essenciais. São Paulo: Edusp, 2007. p. 85-101.

WORLD COMMISSION ON ENVIRONMENT AND DEVELOPMENT. Our common future. UN Documents, 1987. Disponível em: <http://www.un-documents.net/wced-ocf.htm>. Acesso em: 29 abr. 2020.

ŽIŽEK, S. Against Human Rights. In: RATHORE, A. S.; CISTELECAN, A. (Org.). Wronging Rights? Philosophical Challenges to Human Rights. Londres: Routledge, 2011. p. 149-167.

Anexos

Anexo 1 – Declaração Universal dos Direitos Humanos[1]

Preâmbulo

Considerando que o reconhecimento da dignidade inerente a todos os membros da família humana e de seus direitos iguais e inalienáveis é o fundamento da liberdade, da justiça e da paz no mundo,

Considerando que o desprezo e o desrespeito pelos direitos humanos resultaram em atos bárbaros que ultrajaram a consciência da humanidade e que o advento de um mundo em que mulheres e homens gozem de liberdade de palavra, de crença e da liberdade de viverem a salvo do temor e da necessidade foi proclamado como a mais alta aspiração do ser humano comum,

Considerando ser essencial que os direitos humanos sejam protegidos pelo império da lei, para que o ser humano não seja compelido, como último recurso, à rebelião contra a tirania e a opressão,

---

1 Texto extraído do *site* em português da ONU: NAÇÕES UNIDAS BRASIL. Declaração Universal dos Direitos Humanos. 1948. Disponível em: <https://nacoesunidas.org/wp-content/uploads/2018/10/DUDH.pdf>. Acesso em: 7 fev. 2020.

Considerando ser essencial promover o desenvolvimento de relações amistosas entre as nações,

Considerando que os povos das Nações Unidas reafirmaram, na Carta, sua fé nos direitos fundamentais do ser humano, na dignidade e no valor da pessoa humana e na igualdade de direitos do homem e da mulher e que decidiram promover o progresso social e melhores condições de vida em uma liberdade mais ampla,

Considerando que os Estados-Membros se comprometeram a promover, em cooperação com as Nações Unidas, o respeito universal aos direitos e liberdades fundamentais do ser humano e a observância desses direitos e liberdades,

Considerando que uma compreensão comum desses direitos e liberdades é da mais alta importância para o pleno cumprimento desse compromisso,

A ASSEMBLÉIA GERAL proclama A PRESENTE DECLARAÇÃO UNIVERSAL DOS DIREITOS HUMANOS como o ideal comum a ser atingido por todos os povos e todas as nações, com o objetivo de que cada indivíduo e cada órgão da sociedade tendo sempre em mente esta Declaração, esforce-se, por meio do ensino e da educação, por promover o respeito a esses direitos e liberdades, e, pela adoção de medidas progressivas de caráter nacional e internacional, por assegurar o seu reconhecimento e a sua observância universais e efetivos, tanto entre os povos dos próprios Países-Membros quanto entre os povos dos territórios sob sua jurisdição.

Artigo I
Todos os seres humanos nascem livres e iguais em dignidade e direitos. São dotados de razão e consciência e devem agir em relação uns aos outros com espírito de fraternidade.

Artigo II
1. Todo ser humano tem capacidade para gozar os direitos e as liberdades estabelecidos nesta Declaração, sem distinção de qualquer espécie, seja de raça, cor, sexo, língua, religião, opinião política ou de outra natureza, origem nacional ou social, riqueza, nascimento, ou qualquer outra condição.
2. Não será também feita nenhuma distinção fundada na condição política, jurídica ou internacional do país ou território a que pertença uma pessoa, quer se trate de um território independente, sob tutela, sem governo próprio, quer sujeito a qualquer outra limitação de soberania.

Artigo III
Todo ser humano tem direito à vida, à liberdade e à segurança pessoal.

Artigo IV
Ninguém será mantido em escravidão ou servidão; a escravidão e o tráfico de escravos serão proibidos em todas as suas formas.

Artigo V
Ninguém será submetido à tortura, nem a tratamento ou castigo cruel, desumano ou degradante.

Artigo VI

Todo ser humano tem o direito de ser, em todos os lugares, reconhecido como pessoa perante a lei.

Artigo VII

Todos são iguais perante a lei e têm direito, sem qualquer distinção, a igual proteção da lei. Todos têm direito a igual proteção contra qualquer discriminação que viole a presente Declaração e contra qualquer incitamento a tal discriminação.

Artigo VIII

Todo ser humano tem direito a receber dos tribunais nacionais competentes remédio efetivo para os atos que violem os direitos fundamentais que lhe sejam reconhecidos pela constituição ou pela lei.

Artigo IX

Ninguém será arbitrariamente preso, detido ou exilado.

Artigo X

Todo ser humano tem direito, em plena igualdade, a uma justa e pública audiência por parte de um tribunal independente e imparcial, para decidir seus direitos e deveres ou fundamento de qualquer acusação criminal contra ele.

Artigo XI

1. Todo ser humano acusado de um ato delituoso tem o direito de ser presumido inocente até que a sua culpabilidade tenha sido provada de acordo com a lei, em julgamento público no qual lhe tenham sido asseguradas todas as garantias necessárias à sua defesa.

2. Ninguém poderá ser culpado por qualquer ação ou omissão que, no momento, não constituíam delito perante o direito nacional ou internacional. Também não será imposta pena mais forte de que aquela que, no momento da prática, era aplicável ao ato delituoso.

Artigo XII
Ninguém será sujeito à interferência na sua vida privada, na sua família, no seu lar ou na sua correspondência, nem a ataque à sua honra e reputação. Todo ser humano tem direito à proteção da lei contra tais interferências ou ataques.

Artigo XIII
1. Todo ser humano tem direito à liberdade de locomoção e residência dentro das fronteiras de cada Estado.
2. Todo ser humano tem o direito de deixar qualquer país, inclusive o próprio e a esse regressar.

Artigo XIV
1. Todo ser humano, vítima de perseguição, tem o direito de procurar e de gozar asilo em outros países.
2. Esse direito não pode ser invocado em caso de perseguição legitimamente motivada por crimes de direito comum ou por atos contrários aos objetivos e princípios das Nações Unidas.

Artigo VX
1. Todo ser humano tem direito a uma nacionalidade.
2. Ninguém será arbitrariamente privado de sua nacionalidade, nem do direito de mudar de nacionalidade.

Artigo XVI

1. Os homens e mulheres de maior idade, sem qualquer restrição de raça, nacionalidade ou religião, têm o direito de contrair matrimônio e fundar uma família. Gozam de iguais direitos em relação ao casamento, sua duração e sua dissolução.
2. O casamento não será válido senão com o livre e pleno consentimento dos nubentes.
3. A família é o núcleo natural e fundamental da sociedade e tem direito à proteção da sociedade e do Estado.

Artigo XVII

1. Todo ser humano tem direito à propriedade, só ou em sociedade com outros.
2. Ninguém será arbitrariamente privado de sua propriedade.

Artigo XVIII

Todo ser humano tem direito à liberdade de pensamento, consciência e religião; esse direito inclui a liberdade de mudar de religião ou crença e a liberdade de manifestar essa religião ou crença pelo ensino, pela prática, pelo culto em público ou em particular.

Artigo XIX

Todo ser humano tem direito à liberdade de opinião e expressão; esse direito inclui a liberdade de, sem interferência, ter opiniões e de procurar, receber e transmitir informações e ideias por quaisquer meios e independentemente de fronteiras.

Artigo XX

1. Todo ser humano tem direito à liberdade de reunião e associação pacífica.
2. Ninguém pode ser obrigado a fazer parte de uma associação.

Artigo XXI

1. Todo ser humano tem o direito de tomar parte no governo de seu país diretamente ou por intermédio de representantes livremente escolhidos.
2. Todo ser humano tem igual direito de acesso ao serviço público do seu país.
3. A vontade do povo será a base da autoridade do governo; essa vontade será expressa em eleições periódicas e legítimas, por sufrágio universal, por voto secreto ou processo equivalente que assegure a liberdade de voto.

Artigo XXII

Todo ser humano, como membro da sociedade, tem direito à segurança social, à realização pelo esforço nacional, pela cooperação internacional e de acordo com a organização e recursos de cada Estado, dos direitos econômicos, sociais e culturais indispensáveis à sua dignidade e ao livre desenvolvimento da sua personalidade.

Artigo XXIII

1. Todo ser humano tem direito ao trabalho, à livre escolha de emprego, a condições justas e favoráveis de trabalho e à proteção contra o desemprego.
2. Todo ser humano, sem qualquer distinção, tem direito a igual remuneração por igual trabalho.

3. Todo ser humano que trabalha tem direito a uma remuneração justa e satisfatória que lhe assegure, assim como à sua família, uma existência compatível com a dignidade humana e a que se acrescentarão, se necessário, outros meios de proteção social.
4. Todo ser humano tem direito a organizar sindicatos e a neles ingressar para proteção de seus interesses.

Artigo XXIV
Todo ser humano tem direito a repouso e lazer, inclusive a limitação razoável das horas de trabalho e a férias remuneradas periódicas.

Artigo XXV
1. Todo ser humano tem direito a um padrão de vida capaz de assegurar a si e à sua família saúde, bem-estar, inclusive alimentação, vestuário, habitação, cuidados médicos e os serviços sociais indispensáveis e direito à segurança em caso de desemprego, doença invalidez, viuvez, velhice ou outros casos de perda dos meios de subsistência em circunstâncias fora de seu controle.
2. A maternidade e a infância têm direito a cuidados e assistência especiais. Todas as crianças, nascidas dentro ou fora do matrimônio, gozarão da mesma proteção social.

Artigo XXVI
1. Todo ser humano tem direito à instrução. A instrução será gratuita, pelo menos nos graus elementares e fundamentais. A instrução elementar será obrigatória. A instrução técnico-profissional será acessível a todos, bem como a instrução superior, esta baseada no mérito.

2. A instrução será orientada no sentido do pleno desenvolvimento da personalidade humana e do fortalecimento do respeito pelos direitos do ser humano e pelas liberdades fundamentais. A instrução promoverá a compreensão, a tolerância e a amizade entre todas as nações e grupos raciais ou religiosos e coadjuvará as atividades das Nações Unidas em prol da manutenção da paz.
3. Os pais têm prioridade de direito na escolha do gênero de instrução que será ministrada a seus filhos.

Artigo XXVII

1. Todo ser humano tem o direito de participar livremente da vida cultural da comunidade, de fruir as artes e de participar do progresso científico e de seus benefícios.
2. Todo ser humano tem direito à proteção dos interesses morais e materiais decorrentes de qualquer produção científica literária ou artística da qual seja autor.

Artigo XXVIII

Todo ser humano tem direito a uma ordem social e internacional em que os direitos e liberdades estabelecidos na presente Declaração possam ser plenamente realizados.

Artigo XXIX

1. Todo ser humano tem deveres para com a comunidade, na qual o livre e pleno desenvolvimento de sua personalidade é possível.
2. No exercício de seus direitos e liberdades, todo ser humano estará sujeito apenas às limitações determinadas pela lei, exclusivamente com o fim de assegurar o devido reconhecimento e respeito dos direitos e liberdades de outrem e de satisfazer as

justas exigências da moral, da ordem pública e do bem-estar de uma sociedade democrática.

3. Esses direitos e liberdades não podem, em hipótese alguma, ser exercidos contrariamente aos objetivos e princípios das Nações Unidas.

Artigo XXX

Nenhuma disposição da presente Declaração poder ser interpretada como o reconhecimento a qualquer Estado, grupo ou pessoa, do direito de exercer qualquer atividade ou praticar qualquer ato destinado à destruição de quaisquer dos direitos e liberdades aqui estabelecidos.

Anexo 2 – Excerto da *Constituição da República Federativa do Brasil* de 1988[2]

Capítulo V
Da comunicação social

Art. 220. A manifestação do pensamento, a criação, a expressão e a informação, sob qualquer forma, processo ou veículo não sofrerão qualquer restrição, observado o disposto nesta Constituição.

§ 1º Nenhuma lei conterá dispositivo que possa constituir embaraço à plena liberdade de informação jornalística em qualquer

---

2 Trecho extraído do *site* da Presidência da República: BRASIL. Constituição (1988). Diário Oficial da União, Brasília, DF, 5 out. 1988. Disponível em: <http://www.planalto.gov.br/ccivil_03/Constituicao/Constituicao.htm>. Acesso em: 7 fev. 2020.

veículo de comunicação social, observado o disposto no art. 5º, IV, V, X, XIII e XIV.

§ 2º É vedada toda e qualquer censura de natureza política, ideológica e artística.

§ 3º Compete à lei federal:

I – regular as diversões e espetáculos públicos, cabendo ao Poder Público informar sobre a natureza deles, as faixas etárias a que não se recomendem, locais e horários em que sua apresentação se mostre inadequada;

II – estabelecer os meios legais que garantam à pessoa e à família a possibilidade de se defenderem de programas ou programações de rádio e televisão que contrariem o disposto no art. 221, bem como da propaganda de produtos, práticas e serviços que possam ser nocivos à saúde e ao meio ambiente.

§ 4º A propaganda comercial de tabaco, bebidas alcoólicas, agrotóxicos, medicamentos e terapias estará sujeita a restrições legais, nos termos do inciso II do parágrafo anterior, e conterá, sempre que necessário, advertência sobre os malefícios decorrentes de seu uso.

§ 5º Os meios de comunicação social não podem, direta ou indiretamente, ser objeto de monopólio ou oligopólio.

§ 6º A publicação de veículo impresso de comunicação independe de licença de autoridade.

Art. 221. A produção e a programação das emissoras de rádio e televisão atenderão aos seguintes princípios:

I – preferência a finalidades educativas, artísticas, culturais e informativas;

II – promoção da cultura nacional e regional e estímulo à produção independente que objetive sua divulgação;

III – regionalização da produção cultural, artística e jornalística, conforme percentuais estabelecidos em lei;

IV – respeito aos valores éticos e sociais da pessoa e da família.

Art. 222. A propriedade de empresa jornalística e de radiodifusão sonora e de sons e imagens é privativa de brasileiros natos ou naturalizados há mais de dez anos, ou de pessoas jurídicas constituídas sob as leis brasileiras e que tenham sede no País. (Redação dada pela Emenda Constitucional nº 36, de 2002)

§ 1º Em qualquer caso, pelo menos setenta por cento do capital total e do capital votante das empresas jornalísticas e de radiodifusão sonora e de sons e imagens deverá pertencer, direta ou indiretamente, a brasileiros natos ou naturalizados há mais de dez anos, que exercerão obrigatoriamente a gestão das atividades e estabelecerão o conteúdo da programação. (Redação dada pela Emenda Constitucional nº 36, de 2002)

§ 2º A responsabilidade editorial e as atividades de seleção e direção da programação veiculada são privativas de brasileiros natos ou naturalizados há mais de dez anos, em qualquer meio de comunicação social. (Redação dada pela Emenda Constitucional nº 36, de 2002)

§ 3º Os meios de comunicação social eletrônica, independentemente da tecnologia utilizada para a prestação do serviço, deverão observar os princípios enunciados no art. 221, na forma de lei específica, que também garantirá a prioridade de profissionais brasileiros na execução de produções nacionais. (Incluído pela Emenda Constitucional nº 36, de 2002)

§ 4º Lei disciplinará a participação de capital estrangeiro nas empresas de que trata o § 1º (Incluído pela Emenda Constitucional nº 36, de 2002)

§ 5º As alterações de controle societário das empresas de que trata o § 1º serão comunicadas ao Congresso Nacional. (Incluído pela Emenda Constitucional nº 36, de 2002)

Art. 223. Compete ao Poder Executivo outorgar e renovar concessão, permissão e autorização para o serviço de radiodifusão sonora e de sons e imagens, observado o princípio da complementaridade dos sistemas privado, público e estatal.

§ 1º O Congresso Nacional apreciará o ato no prazo do art. 64, § 2º e § 4º, a contar do recebimento da mensagem.

§ 2º A não renovação da concessão ou permissão dependerá de aprovação de, no mínimo, dois quintos do Congresso Nacional, em votação nominal.

§ 3º O ato de outorga ou renovação somente produzirá efeitos legais após deliberação do Congresso Nacional, na forma dos parágrafos anteriores.

§ 4º O cancelamento da concessão ou permissão, antes de vencido o prazo, depende de decisão judicial.

§ 5º O prazo da concessão ou permissão será de dez anos para as emissoras de rádio e de quinze para as de televisão.

Art. 224. Para os efeitos do disposto neste capítulo, o Congresso Nacional instituirá, como seu órgão auxiliar, o Conselho de Comunicação Social, na forma da lei.

Anexo 3 – Código de Ética dos Jornalistas Brasileiros[3]

Capítulo I – Do direito à informação

Art. 1º O Código de Ética dos Jornalistas Brasileiros tem como base o direito fundamental do cidadão à informação, que abrange seu o direito de informar, de ser informado e de ter acesso à informação.

Art. 2º Como o acesso à informação de relevante interesse público é um direito fundamental, os jornalistas não podem admitir que ele seja impedido por nenhum tipo de interesse, razão por que:

I – a divulgação da informação precisa e correta é dever dos meios de comunicação e deve ser cumprida independentemente de sua natureza jurídica – se pública, estatal ou privada – e da linha política de seus proprietários e/ou diretores.

II – a produção e a divulgação da informação devem se pautar pela veracidade dos fatos e ter por finalidade o interesse público;

III – a liberdade de imprensa, direito e pressuposto do exercício do jornalismo, implica compromisso com a responsabilidade social inerente à profissão;

IV – a prestação de informações pelas organizações públicas e privadas, incluindo as não-governamentais, é uma obrigação social.

V – a obstrução direta ou indireta à livre divulgação da informação, a aplicação de censura e a indução à autocensura são delitos

---

3   Texto extraído do *site* da Federação Nacional dos Jornalistas (Fenaj): FENAJ – Federação Nacional dos Jornalistas. Código de Ética dos Jornalistas Brasileiros. 2007. Disponível em: <http://fenaj.org.br/wp-content/uploads/2014/06/04-codigo_de_etica_dos_jornalistas_brasileiros.pdf>. Acesso em: 7 fev. 2020.

contra a sociedade, devendo ser denunciadas à comissão de ética competente, garantido o sigilo do denunciante.

Capítulo II – Da conduta profissional do jornalista

Art. 3º O exercício da profissão de jornalista é uma atividade de natureza social, estando sempre subordinado ao presente Código de Ética.

Art. 4º O compromisso fundamental do jornalista é com a verdade no relato dos fatos, razão pela qual ele deve pautar seu trabalho pela precisa apuração e pela sua correta divulgação.

Art. 5º É direito do jornalista resguardar o sigilo da fonte.

Art. 6º É dever do jornalista:

I – opor-se ao arbítrio, ao autoritarismo e à opressão, bem como defender os princípios expressos na Declaração Universal dos Direitos Humanos;

II – divulgar os fatos e as informações de interesse público;

III – lutar pela liberdade de pensamento e de expressão;

IV – defender o livre exercício da profissão;

V – valorizar, honrar e dignificar a profissão;

VI – não colocar em risco a integridade das fontes e dos profissionais com quem trabalha;

VII – combater e denunciar todas as formas de corrupção, em especial quando exercidas com o objetivo de controlar a informação;

VIII – respeitar o direito à intimidade, à privacidade, à honra e à imagem do cidadão;

IX – respeitar o direito autoral e intelectual do jornalista em todas as suas formas;

X – defender os princípios constitucionais e legais, base do estado democrático de direito;

XI – defender os direitos do cidadão, contribuindo para a promoção das garantias individuais e coletivas, em especial as das crianças, dos adolescentes, das mulheres, dos idosos, dos negros e das minorias;

XII – respeitar as entidades representativas e democráticas da categoria;

XIII – denunciar as práticas de assédio moral no trabalho às autoridades e, quando for o caso, à comissão de ética competente;

XIV – combater a prática de perseguição ou discriminação por motivos sociais, econômicos, políticos, religiosos, de gênero, raciais, de orientação sexual, condição física ou mental, ou de qualquer outra natureza.

Art. 7º O jornalista não pode:

I – aceitar ou oferecer trabalho remunerado em desacordo com o piso salarial, a carga horária legal ou tabela fixada por sua entidade de classe, nem contribuir ativa ou passivamente para a precarização das condições de trabalho;

II – submeter-se a diretrizes contrárias à precisa apuração dos acontecimentos e à correta divulgação da informação;

III – impedir a manifestação de opiniões divergentes ou o livre debate de ideias;

IV – expor pessoas ameaçadas, exploradas ou sob risco de vida, sendo vedada a sua identificação, mesmo que parcial, pela voz, traços físicos, indicação de locais de trabalho ou residência, ou quaisquer outros sinais;

V – usar o jornalismo para incitar a violência, a intolerância, o arbítrio e o crime;

VI – realizar cobertura jornalística para o meio de comunicação em que trabalha sobre organizações públicas, privadas ou não governamentais, da qual seja assessor, empregado, prestador de serviço ou proprietário, nem utilizar o referido veículo para defender os interesses dessas instituições ou de autoridades a elas relacionadas;

VII – permitir o exercício da profissão por pessoas não-habilitadas;

VIII – assumir a responsabilidade por publicações, imagens e textos de cuja produção não tenha participado;

IX – valer-se da condição de jornalista para obter vantagens pessoais.

Capítulo III – Da responsabilidade profissional do jornalista

Art. 8º O jornalista é responsável por toda a informação que divulga, desde que seu trabalho não tenha sido alterado por terceiros, caso em que a responsabilidade pela alteração será de seu autor.

Art 9º A presunção de inocência é um dos fundamentos da atividade jornalística.

Art. 10. A opinião manifestada em meios de informação deve ser exercida com responsabilidade.

Art. 11. O jornalista não pode divulgar informações:

I – visando o interesse pessoal ou buscando vantagem econômica;

II – de caráter mórbido, sensacionalista ou contrário aos valores humanos, especialmente em cobertura de crimes e acidentes;

III – obtidas de maneira inadequada, por exemplo, com o uso de identidades falsas, câmeras escondidas ou microfones ocultos, salvo em casos de incontestável interesse público e quando esgotadas todas as outras possibilidades de apuração;

Art. 12. O jornalista deve:

I – ressalvadas as especificidades da assessoria de imprensa, ouvir sempre, antes da divulgação dos fatos, o maior número de pessoas e instituições envolvidas em uma cobertura jornalística, principalmente aquelas que são objeto de acusações não suficientemente demonstradas ou verificadas;

II – buscar provas que fundamentem as informações de interesse público;

III – tratar com respeito todas as pessoas mencionadas nas informações que divulgar;

IV – informar claramente à sociedade quando suas matérias tiverem caráter publicitário ou decorrerem de patrocínios ou promoções;

V – rejeitar alterações nas imagens captadas que deturpem a realidade, sempre informando ao público o eventual uso de recursos de fotomontagem, edição de imagem, reconstituição de áudio ou quaisquer outras manipulações;

VI – promover a retificação das informações que se revelem falsas ou inexatas e defender o direito de resposta às pessoas ou organizações envolvidas ou mencionadas em matérias de sua autoria ou por cuja publicação foi o responsável;

VII – defender a soberania nacional em seus aspectos político, econômico, social e cultural;

VIII – preservar a língua e a cultura do Brasil, respeitando a diversidade e as identidades culturais;

IX – manter relações de respeito e solidariedade no ambiente de trabalho;

X – prestar solidariedade aos colegas que sofrem perseguição ou agressão em consequência de sua atividade profissional.

Capítulo IV – Das relações profissionais

Art. 13. A cláusula de consciência é um direito do jornalista, podendo o profissional se recusar a executar quaisquer tarefas em desacordo com os princípios deste Código de Ética ou que agridam as suas convicções.

Parágrafo único. Esta disposição não pode ser usada como argumento, motivo ou desculpa para que o jornalista deixe de ouvir pessoas com opiniões divergentes das suas.

Art. 14. O jornalista não deve:

I – acumular funções jornalísticas ou obrigar outro profissional a fazê-lo, quando isso implicar substituição ou supressão de cargos na mesma empresa. Quando, por razões justificadas, vier a exercer mais de uma função na mesma empresa, o jornalista deve receber a remuneração correspondente ao trabalho extra;

II – ameaçar, intimidar ou praticar assédio moral e/ou sexual contra outro profissional, devendo denunciar tais práticas à comissão de ética competente;

III – criar empecilho à legítima e democrática organização da categoria.

Capítulo V – Da aplicação do Código de Ética e disposições finais

Art. 15. As transgressões ao presente Código de Ética serão apuradas, apreciadas e julgadas pelas comissões de ética dos sindicatos e, em segunda instância, pela Comissão Nacional de Ética.

§ 1º As referidas comissões serão constituídas por cinco membros.

§ 2º As comissões de ética são órgãos independentes, eleitas por voto direto, secreto e universal dos jornalistas. Serão escolhidas junto com as direções dos sindicatos e da Federação Nacional dos Jornalistas (FENAJ), respectivamente. Terão mandatos coincidentes, porém serão votadas em processo separado e não possuirão vínculo com os cargos daquelas diretorias.

§ 3º A Comissão Nacional de Ética será responsável pela elaboração de seu regimento interno e, ouvidos os sindicatos, do regimento interno das comissões de ética dos sindicatos.

Art. 16. Compete à Comissão Nacional de Ética:

I – julgar, em segunda e última instância, os recursos contra decisões de competência das comissões de ética dos sindicatos;

II – tomar iniciativa referente a questões de âmbito nacional que firam a ética jornalística;

III – fazer denúncias públicas sobre casos de desrespeito aos princípios deste Código;

IV – receber representação de competência da primeira instância quando ali houver incompatibilidade ou impedimento legal e em casos especiais definidos no Regimento Interno;

V – processar e julgar, originariamente, denúncias de transgressão ao Código de Ética cometidas por jornalistas integrantes da diretoria e do Conselho Fiscal da FENAJ, da Comissão Nacional de Ética e das comissões de ética dos sindicatos;

VI – recomendar à diretoria da FENAJ o encaminhamento ao Ministério Público dos casos em que a violação ao Código de Ética também possa configurar crime, contravenção ou dano à categoria ou à coletividade.

Art. 17. Os jornalistas que descumprirem o presente Código de Ética estão sujeitos às penalidades de observação, advertência, suspensão e exclusão do quadro social do sindicato e à publicação da decisão da comissão de ética em veículo de ampla circulação.

Parágrafo único – Os não filiados aos sindicatos de jornalistas estão sujeitos às penalidades de observação, advertência, impedimento temporário e impedimento definitivo de ingresso no quadro social do sindicato e à publicação da decisão da comissão de ética em veículo de ampla circulação.

Art. 18. O exercício da representação de modo abusivo, temerário, de má-fé, com notória intenção de prejudicar o representado, sujeita o autor à advertência pública e às punições previstas neste Código, sem prejuízo da remessa do caso ao Ministério Público.

Art. 19. Qualquer modificação neste Código só poderá ser feita em congresso nacional de jornalistas mediante proposta subscrita por, no mínimo, dez delegações representantes de sindicatos de jornalistas.

Vitória, 04 de agosto de 2007.
Federação Nacional dos Jornalistas

Respostas

Capítulo 1

1. d. O documento fundador da ONU é a Carta de São Francisco. A DUDH foi promulgada em 1948 depois de dois anos de trabalho da primeira Comissão de Direitos Humanos da ONU, liderada por Eleanor Roosevelt.
2. (F) Os direitos civis e políticos, de acordo com a classificação de Vasak, têm origem no contexto das Revoluções Burguesas do século dezoito.
(V) Os direitos econômicos, sociais e culturais são tributários às críticas à desigualdade social inerente ao modo capitalista de produção do século XIX. Dentre as principais conquistas da época estão os direitos ao trabalho, à organização de sindicatos, à assistência social, ao estudo, à saúde, à moradia e a condições dignas de vida.
(V) De acordo com essa classificação geracional dos direitos humanos, a DUDH havia integrado os direitos das duas primeiras gerações, expandindo-os para todos os seres humanos, de modo universal, solidário e fraterno.
(F) A perspectiva de Vasak entende os direitos humanos sob um ponto de vista evolutivo e "heroico", ou seja, apresenta-os como uma série de conquistas do mundo ocidental, de certa maneira linear desde a Antiguidade até os dias de hoje. Como discutimos no início do capítulo estudado, na visão heroica, é dominante o ideário de progresso dos direitos, como se a democratização de um país e seu ingresso no capitalismo avançado fossem suficientes para a garantia e a efetivação desses direitos.
3. a. A alternativa é incorreta porque existem direitos que não sofrem concorrência (como o direito a não ser escravizado ou torturado), mas há alguns direitos que são contestados por outros, como o direito à

liberdade de expressão (art. XIX), que concorre com o direito à proteção da honra e da reputação (art. XII).
4. Os direitos são baseados na igualdade entre os membros, ou seja, são válidos para todas as pessoas sobre as quais o direito incide, independentemente de qualquer particularidade. Já os privilégios são oferecidos apenas a alguns indivíduos ou grupos ancorados em certas características, o que fere o princípio jurídico de igualdade. O nepotismo é um exemplo de privilégio, no qual uma pessoa é contratada não por suas competências, mas pelo seu parentesco com o governante ou empregador.
5. A DUDH buscou conciliar ideários presentes tanto no regime capitalista quanto no regime socialista ao propor, no decorrer dos seus artigos, uma interdependência entre direitos civis e políticos (pilares do capitalismo liberal) e direitos sociais, econômicos e culturais (defendidos pelos movimentos socialistas e sociais-democráticos). Para o filósofo italiano Norberto Bobbio (2004), essa relação é expressa como um paradoxo, pois a realização integral de um direito individual impede a realização integral de um social, e vice-versa.

Capítulo 2

1. a. A liberdade de expressão (direito garantido à pessoa) e a liberdade de imprensa (condição de liberdade social) não só possuem duas origens distintas, como também designam dois direitos que, embora próximos e coincidentes às vezes sobre o mesmo fenômeno, são diferentes.
2. (V) Antes mesmo de se condensarem na DUDH, a liberdade de opinião e a liberdade imprensa constituem um dos pilares da democracia moderna, como expressos na Primeira Emenda à Constituição dos Estados Unidos, de 1789, e na Declaração de Direitos do Homem e do Cidadão, da primeira fase da Revolução Francesa, também em 1789.
(F) O maior problema da Constituição Cidadã não está nela mesma, ou seja, naquilo que está cristalizado em suas linhas, mas na sua defesa

e efetivação, já que a maioria dos artigos que se referem aos direitos comunicacionais ainda esperam regulamentação.

(V) Mesmo a despeito da Constituição, as regras do sistema audiovisual brasileiro continuam sendo ditadas pelas próprias empresas de mídia. Na falta de regulamentação, inexistem regras antimonopolistas.

(V) A comunicação social e, em particular, o jornalismo têm um papel importante a desempenhar na efetivação da democracia, seja mediante denúncias e investigações, seja mediante agendamento da discussão pública e contextualização de questões voltadas aos direitos humanos, seja ainda mediante checagem e controle das instâncias estatais, sociais e econômicas.

3. b. Qualquer pessoa pode ter acesso a informações cuja abertura seja abarcada pela LAI.

4. Direito à liberdade de expressão e opinião; direito à informação; direito à liberdade de imprensa; direito à liberdade de reunião e associação; e direito à participação direta ou indireta nos rumos de um governo.

5. O *Relatório MacBride*, com o nome oficial de *Many Voices, One World: Towards a New, More Just, and Efficient World Information and Communication Order* (em português, *Muitas vozes, um mundo: por uma nova ordem mundial da informação e da comunicação mais justa e mais eficiente*), foi publicado pela Unesco em 1980 como um estudo que tentou definir o papel dos meios de comunicação para a promoção de uma sociedade mais digna, fraterna, livre e igualitária. O relatório foi um estudo pioneiro sobre a comunicação como um direito humano fundamental.

Capítulo 3

1. d. Como qualquer código de ética, o dos Jornalistas Brasileiros é uma diretriz ou um manual de conduta profissional que, mesmo supondo normas legais obrigatórias (no caso, a Constituição Federal e a legislação brasileira), não traz qualquer sanção ao infrator. Mesmo que o

Brasil possua um Conselho de Comunicação Social, ele é apenas um órgão consultivo do Congresso Nacional, ou seja, não tem caráter prescritivo ou punitivo, ao contrário de outros, como o de Medicina.

2. (V) O problema é ainda pior quando jornalistas aspiram ser paladinos ou justiceiros, incitando, mutas vezes, a violência contra pessoas cujos crimes ainda não foram devidamente apurados e julgados pelo sistema jurídico.

(F) Os chamados *programas policialescos* não só incentivam o desprezo às pautas humanitárias como também são um dos grandes responsáveis pela violação de direitos fundamentais na tevê brasileira. De acordo com uma pesquisa recente da Agência de Notícias dos Direitos da Infância (Andi) discutida durante o capítulo, dentre as principais violações estiveram as exposições indevidas de pessoas, os desrespeitos à presunção de inocência, as violações do direito ao silêncio, as exposições indevidas de famílias, as incitações à desobediência às leis ou às decisões judiciárias, as incitações ao crime e à violência, as identificações de adolescentes em conflito com a lei, os discursos de ódio ou preconceituosos, as torturas psicológicas e os tratamentos desumanos ou degradantes.

(V) O Caso da Escola Base foi um exemplo extremo do potencial de violação dos direitos fundamentais da imprensa. Sem qualquer checagem de fatos, várias empresas da chamada "grande mídia" nacional condenaram os envolvidos sem ao menos ouvi-los e formaram a opinião pública contra pessoas injustamente acusadas.

(V) Nem mesmo no Código de Ética dos Jornalistas Brasileiros há uma recomendação ou seção dedicada à proteção da personalidade, com recomendações específicas para o relato de crimes.

3. b. A alternativa está incorreta, pois a transformação de assuntos relacionados aos direitos humanos (como o combate à pobreza, ao trabalho escravo e ao trabalho infantil, à violência urbana, à concentração de renda e terras improdutivas etc.) depende, acima de tudo, do recorte, da abordagem e da disposição do jornalista em lutar por ela.

4. O racismo, os discursos de ódio, a incitação ao crime e à violência contra grupos e minorias étnicas, a homofobia e a transfobia podem ser enquadrados na Lei n. 7.716, de 5 de janeiro de 1989 (Brasil, 1989), conhecida como *Lei de Combate ao Racismo*. Por sua vez, a presunção de inocência é garantida pela Constituição Federal.
5. Jornalismo humanizado é aquele que tem o ser humano e os direitos fundamentais como origem e destino. Trata-se não apenas de pautar e relatar violações de direitos e questões humanitárias com o intuito de dar visibilidade a problemas relacionados aos direitos humanos e de sensibilizar a opinião pública, mas também de perseguir a vocação democrática do jornalismo em suas funções de investigação, denúncia, regulação e responsabilização.

Capítulo 4

1. d. Apesar dos avanços no direito internacional e da absorção, em várias constituições nacionais, dos preceitos elaborados durante os últimos cinquenta anos dentro do Sistema da ONU, os direitos ambientais ainda aguardam sua efetivação. A peculiaridade é a necessidade de acordos transnacionais para a implementação deles – o que ainda não pode ser vislumbrado em horizonte próximo.
2. (V) Apesar de nascer dentro do contexto do manejo florestal, o conceito ganhou amplo uso a partir da década de 1960 no campo econômico, remetendo ao emprego de recursos de maneira prospectiva, ou seja, considerando a disponibilização destes para gerações futuras.
(V) Fundado em 1968, o Clube de Roma foi um dos responsáveis pelo agendamento da sustentabilidade na economia capitalista.
(F) O termo foi utilizado pela primeira vez em um documento oficial da ONU na expressão *desenvolvimento sustentável*, com a publicação, em 1987, do relatório *Nosso Futuro Comum*.
(F) O conceito de sustentabilidade é empregado de forma indiscriminada e pode encobrir práticas nocivas ao meio ambiente, já que ele

não implicaria necessariamente um comprometimento de governos e empresas com medidas de proteção ambiental.
3. c. Os instrumentos do jornalismo investigativo são fundamentais para os processos de responsabilização e cobrança do jornalismo ambiental. Além disso, os métodos de apuração e divulgação de pesquisas científicas fornecem ferramentas necessárias para o desmonte das violações aos direitos ambientais que podem permanecer encobertas pelo ecomarketing.
4. De acordo com a proposta de Wilson da Costa Bueno (2007b), o jornalismo ambiental exerce três funções: a informativa (pautada no interesse público), a pedagógica (pautada na formação e no compromisso aos direitos fundamentais) e a política (capaz de promover o engajamento social e a busca por soluções aos problemas ambientais).
5. O jornalismo "sobre" o meio ambiente é baseado em fontes oficiais e tem como principal objetivo a informação sobre temas ambientais relevantes, sem um trabalho de apuração investigativa e comprometimento com os direitos fundamentais. Por sua vez, o jornalismo ambiental é essencialmente investigativo e vinculado à gramática dos direitos humanos.

Sobre o autor

Maurício Liesen é doutor em Ciências da Comunicação (2014) pela Universidade de São Paulo (USP), mestre em Comunicação e Cultura (2010) pela Universidade Federal do Rio de Janeiro (UFRJ) e graduado em Comunicação Social – Jornalismo (2007) pela Universidade Federal da Paraíba (UFPB). Entre 2014 e 2017, atuou como pesquisador e professor visitante da Universidade de Potsdam, Alemanha, no curso de graduação e mestrado em Ciências Europeias dos Media. Em 2017, concluiu estágio pós-doutoral na USP. Desde 2018 é pesquisador do Grupo de Pesquisa em Comunicação e Participação Política (Compa) e professor colaborador do Programa de Pós-Graduação em Comunicação da Universidade Federal do Paraná (PPGCOM-UFPR) como bolsista do Programa Nacional de Pós-Doutorado (PNPD/Capes). Também é tradutor (alemão/português) com foco em obras de filósofos e teóricos contemporâneos, como Byung-Chul Han (*Psicopolítica*, Editora Âyiné, 2018) e Carolin Emcke (*Contra o ódio*, Editora Âyiné, 2020).

Os papéis utilizados neste livro, certificados por instituições ambientais competentes, são recicláveis, provenientes de fontes renováveis e, portanto, um meio **respons**ável e natural de informação e conhecimento.

FSC
www.fsc.org
MISTO
Papel produzido a partir de fontes responsáveis
FSC® C103535

Impressão: Reproset
Março/2023